CIEL BLEU

Du même auteur
chez le même éditeur

Vingt jours et un

GALSAN TSCHINAG

CIEL BLEU

Une enfance dans le Haut-Altaï

Traduit de l'allemand
par Dominique Petit

Publié avec le concours du
Centre National du Livre

SUITES
Editions Métailié
5, rue de Savoie, 75006 Paris
1999

Titre original : *Der blaue Himmel*

ISBN : 2-86426-304-0
ISSN : 1281-5667

L'auteur raconte son enfance dans la grande steppe, aux confins du désert de Gobi, dans les terres du Haut-Altaï. Vivant sous la yourte au sein d'une famille d'éleveurs, l'enfant découvre le monde à travers sa relation avec Arsilang son chien, dont les aventures ouvrent et ferment le livre. Le groupe familial se déplace en fonction des pâturages et des saisons, on monte les yourtes et on rencontre les gens. Les enfants ont une place bien définie que vient troubler l'obligation de scolarisation imposée par le gouvernement communiste. Mais il y a toujours les vacances pour retrouver la grand-mère choisie et adoptée par l'enfant, pour jouer dans la montagne avec son chien et parcourir à cheval ces étendues sans fin où le galop sert aussi à mesurer l'espace et le temps.
Un auteur contemporain dont le livre s'inscrit dans la lignée de Dersou Ouzala.

GALSAN TSCHINAG est né en 1944 dans une famille d'éleveurs nomades touvas en Mongolie occidentale et a passé sa jeunesse dans les steppes.
Après son bac à Oulan-Bator, bénéficiant des programmes de coopération entre les pays communistes, Galsan Tschinag a la possibilité d'étudier la linguistique à Leipzig, en RDA. *Ciel Bleu*, son premier ouvrage, est publié en Allemagne en 1994. Il obtient le prix Adalbert Von Chamisso, récompensant un auteur étranger écrivant en allemand. Galsan Tschinag est également l'auteur de *Vingt jours et un* (Métailié, 1998).
Parallèlement à l'écriture, Galsan Tschinag se consacre à la protection des coutumes de son peuple, menacées par la modernisation.

A ma grand-mère, le soleil qui m'a
réchauffé à l'aube de ma vie

Le rêve

Il est possible que cette histoire ait commencé dans un rêve. Etait-ce une préparation à ce qui allait suivre, une mise en garde peut-être? Car le rêve était pénible, pénible – un cauchemar.

On disait qu'il ne fallait parler de ses mauvais rêves à personne, mais les dire plutôt pour soi à haute voix, puis cracher trois fois. On disait la même chose pour les rêves agréables. Il ne fallait les confier à personne, les garder pour soi. Ceux qu'on entendait raconter n'étaient-ils donc ni bons ni mauvais?

La journée dans la yourte commençait en général par le récit des rêves de la nuit, et à en juger d'après le comportement de l'assistance, c'était une source fréquente de joie ou de souci. Bizarre!

Mais lorsque je fis ce rêve, j'ignorais encore la règle. Et je le racontai tout chaud de mes larmes. Car j'avais pleuré, et on m'avait réveillé. C'est ma mère qui m'avait réveillé. Elle avait été traire les bêtes au petit jour, puis était revenue à la yourte pour vider le seau plein de lait La main qui me caressait était humide et fraîche et sentait le lait cru.

Sanglotant encore, je lui fis le récit de ce que je venais de rêver. Elle fut bien la seule à affirmer, après m'avoir entendu, que ce n'était pas un mauvais rêve. Je la soupçonnai de m'avoir prêté une oreille distraite car, pendant ce temps, elle était occupée à verser le lait dans le grand pot en aluminium et à le filtrer avec un tamis en crin de queue de yak. « Non ! » dis-je d'un ton emporté, de nouveau au bord des larmes, mais ma mère persista dans cet avis. Plus encore : elle parla d'une erreur d'interprétation du rêve, d'or, d'argent, de soie, de fêtes et de douceurs. Je n'y compris rien.

Pourtant, je retins ceci : ne rien raconter à personne, parler pour soi à haute voix et cracher trois fois !

C'est ce qu'elle m'avait confié après s'être encore une fois retournée sur le pas de la porte. « Mais seulement si c'est vraiment un mauvais rêve ! » m'avait-elle prévenu.

Bien sûr que c'était un mauvais rêve. Je devais donc faire ce qu'il fallait. Mais j'en avais déjà parlé à quelqu'un, à ma mère. Alors ?

Je réfléchissais tout en me glissant hors du vieux *lawschak** ouatiné qui avait dû appartenir un jour à mon père et qui était maintenant ma couverture. Et je réfléchissais encore tout en m'apprêtant à entamer cette nouvelle journée.

Ce fut un lumineux matin d'été qui m'accueillit, cela sentait la rosée, le soleil et l'urine des bêtes. Le troupeau de moutons quittait bruyamment son enclos, les agneaux attachés formaient une tache blanche et carrée. Près de la *dshele***, les femmes et les jeunes filles étaient en train de traire les yaks : de tous côtés, on entendait le lait tambouriner et éclabousser les seaux en bois de tremble en produisant toute une gamme de sons, du sifflement clair à un sombre gargouillis, comme si de l'eau jaillissait en bouillonnant d'un œil de la terre.

Arsylang, notre chien, allongé près du tas de crottin, dormait. Il respirait paisiblement. Le soleil inondait sa

* lawschak : sorte de manteau d'été

** dshele : corde qui sert à attacher les petits yaks et les poulains fourrure sombre aux poils brillants, se divisait en rayons pour rejaillir aussitôt et glisser de pointes en pointes. Ses côtes se soulevaient et s'abaissaient de façon presque imperceptible. Ses membres étaient légèrement repliés sur eux-mêmes et avaient l'air inarticulés, sans poids. Je voyais que tout son corps était calme, que tout était bien, comme toujours. Et pourtant, le rêve ?!

Je rejoignis ma mère, assise sous une vache qu'elle trayait à une telle vitesse et avec une telle vigueur que ses épaules se balançaient comme sous l'effet d'un tremblement. Elle avait la moitié du visage enfoui dans les poils épais et touffus du ventre de la vache, l'œil visible était fermé.

J'approchai mes lèvres de son oreille libre et murmurai : « Maman ! » L'œil s'ouvrit.

« Qu'est-ce qui arrive si l'on en a quand même parlé à quelqu'un avant ? »

Maman ne devina pas tout de suite ce que je voulais dire. Il lui fallut un moment de réflexion. Puis elle dit d'un ton ferme : « Il ne faut en parler à personne, à personne ! »

Effrayé, je m'éloignai. Je réfléchis et décidai de filer dans la steppe me débarrasser du rêve. D'une certaine façon, cela me semblait mieux que de laisser les choses de travers.

Je mis une bonne distance entre moi et l'*aïl**. Puis je me postai, tourné vers le bout de la vallée où se perdait la rivière, et je dis, en prononçant chaque mot aussi distinctement que possible :

J'AI RÊVÉ QUE MON ARSYLANG AVAIT LE *DEKPIREK***. IL NE PEUT NI MARCHER NI TENIR SUR SES PATTES. IL CHANCELLE, IL TOMBE. SA GUEULE EST TOUTE ÉCUMANTE. SES MEMBRES SONT RAIDES, SES POILS HÉRISSÉS, IL MEURT ! AÏE ! AÏE ! AÏE !

* aïl : campement de yourtes

** dekpirek : empoisonnement des moutons probablement dû à une nourriture indigeste

A ce moment-là, les chiens partirent en courant et en aboyant très fort. Ils se lancèrent à la poursuite d'un cavalier pressé qui passait non loin de l'*aïl.* Lorsqu'il vit les chiens s'approcher, il arrêta d'abord de galoper, puis même de trotter. Il allait à présent tranquillement au pas. Les chiens le rejoignirent et l'entourèrent en aboyant. Mais ils ne tardèrent pas à se calmer et finirent par abandonner le paisible cavalier pour faire demi-tour. Je vagabondais dans le soleil oblique du matin qui jetait de longues ombres minces. Je jouais avec mon ombre, j'essayais de la rattraper, mais il n'y avait rien à faire, je n'y arrivais pas. J'avais beau sauter très vite, elle bondissait aussi et m'échappait. Les chiens revenaient. Ils marchaient paresseusement, la queue en panache, bâillaient en passant sur leurs babines leurs longues langues roses pendantes.

Sauf Arsylang ! Il n'avait jamais la queue en panache, il la laissait pendre de biais, le bout légèrement retroussé. Ses oreilles, pointues comme celles d'un poulain, étaient droites et rapprochées, on aurait dit une paire de ciseaux. Maintenant encore, il marchait légèrement l'amble, le cou tendu en avant, avec le calme d'un fauve.

Arsylang était un chien trouvé. Papa l'avait ramené de très loin alors qu'il n'était encore qu'un chiot. Quand il était arrivé chez nous, j'avais déjà mes premières dents. Mais le jeune chien avait grandi vite et cela faisait longtemps qu'il passait pour adulte, tandis que j'étais toujours un enfant.

Nul ne venait chez nous sans remarquer Arsylang, tout le monde s'accordait généralement pour dire au moins : « Ouh, voilà un chien dangereux ! » Quelle que fût la personne qui accueillait le visiteur à sa descente de cheval ou qui le remettait en selle, la réponse était : « Il n'en a que l'air ! »

Arsylang n'était effectivement pas dangereux, il n'avait encore mordu personne. Mais les gens avaient toujours peur de lui. La plupart du temps, la conversation qui tournait autour du chien durait un bon moment.

Il était parfois question de son nom. Les uns disaient que ce serait bientôt un vrai lion. Ce à quoi Papa répondait que le lion n'est pas fait pour être vu mais pour être entendu. Les autres pensaient que nous n'aurions pas dû appeler le chien Arsylang (lion), mais Börü (loup). Papa rétorquait : « Autant appeler le loup par son nom dix ou vingt fois par jour et finir par le faire venir – qui y songerait ? »

J'eus envie de voir Arsylang courir. Je l'appelai sans reprendre mon souffle : « Arsylang ! Arsylang ! Arsylang ! » « Ou-ou-ouou ! » Puis je partis en courant. Çà et là résonnèrent des aboiements, et les chiens arrivèrent d'un seul coup à toute allure. Je regardais Arsylang courir : tout allongé, il épousait le sol ; sa queue était tendue à l'horizontale. Il passa en filant près des chiens qui l'avaient devancé et prit le commandement. Je courus encore un peu plus loin et m'accroupis devant un terrier où une marmotte, voire un renard, auraient pu facilement se glisser. Arsylang arriva, donna droit du museau dans le terrier où il voulut aussitôt se faufiler. Il poussait de sourds gémissements et grattait le sol de ses quatre pattes ; des mottes de terre et d'herbe volaient, encore humides de la rosée nocturne. Puis vint la couche de terre sèche qui se dispersa en poussière dans un petit nuage. J'appelais Arsylang par son nom, et il cessa de s'échiner. Mais sans se calmer pour autant : il continua à gémir, les poils tout hérissés.

Je pris peur.

Grand-mère arrivait. Elle venait vers moi à petits pas. Je ne voulais pas qu'elle se traîne si loin de l'*aïl* par ma faute. Et je criai « hop ! » en me donnant une tape sur les fesses et en galopant à sa rencontre.

Les chiens se mirent à courir derrière moi, Arsylang eut tôt fait de me rejoindre et resta près de moi. Les autres nous suivirent, aucun ne nous dépassa.

Grand-mère s'arrêta. Elle avait saisi à deux mains le bout de sa courte canne en bouleau et s'y appuyait tandis que nous approchions.

« Qu'est-ce que c'était ? Un loup, peut-être ? » demanda-t-elle d'une voix douce et tendre avec ce petit sourire qui ne quittait que rarement le creux de ses lèvres. « Pas un loup, dis-je, d'une voix incertaine. Un renard, peut-être, ou seulement une marmotte. » Je me sentais un peu vexé que grand-mère m'ait posé cette question à laquelle j'étais obligé de répondre par un mensonge.

« Où es-tu allée, grand-mère ? » demandai-je d'un ton maussade, en partie pour me défendre de la honte qui, même si elle n'était pas encore là, allait venir à coup sûr et en partie pour prendre ma revanche, car rester vexé me permettait pour la première fois de mieux garder un secret devant elle.

« Il fallait que je me soulage », dit docilement grand-mère.

« Si longtemps et si loin ? »

« Je suis allée derrière la colline. C'est que mes jambes se font vieilles. »

Grand-mère soupira, mais retrouva aussitôt sa gaieté pour désigner ses jambes : « Je leur ai dis, à ces deux-là, ne faites pas les paresseuses, sinon je retourne avec vous garder les moutons ! »

Je ne voulais pas m'associer à cette plaisanterie qui me paraissait mal venue. Je voulais savoir autre chose : « Mais grand-mère ! Pourquoi aller derrière la colline ? Il y en a qui s'accroupissent tout de suite dans la steppe ! »

« Non, mon petit. Ce n'est pas dans mes habitudes de m'accroupir là où les gens peuvent me voir – non ! »

Un sentiment violent me submergea soudain. Mi-pitié, mi-respect. Il se transforma en amour. C'était comme une douleur, oui cela faisait mal. Le bord de mes paupières devint tout brûlant. « Grand-mère ! » dis-je en lui prenant la main. Elle me regardait avec tant de douceur et l'air de tellement tout savoir que j'eus du mal à dire : « Viens, grand-mère, rentrons ! »

Grand-mère

Grand-mère était un être de soie. C'est ce qu'avait dit papa. Et ce qu'il disait ne pouvait qu'être juste, toujours. C'est le Ciel qui me l'avait envoyée. Cela, c'est maman qui me l'avait confié. C'est vrai que bien des choses n'étaient pas toujours justes dans ce qu'elle disait, mais quand le Ciel était en jeu, on n'avait pas le droit de mentir. C'est elle-même qui l'avait dit, en présence de grand-mère.

Il paraît qu'elle a d'abord été pour nous une étrangère. Elle a eu un mari, un fils, une yourte et un superbe troupeau. Puis son mari a été abattu par des Russes en fuite et son fils tué par des pillards kazakhs. Les deux événements se sont suivis de peu.

Restée seule, elle a cherché à se rapprocher de Hööshek, sa plus jeune sœur. Celle-ci, veuve également, était à ce que je sache la seule femme de tout le coin à avoir réussi à obtenir le titre de *baj**. Elle avait un fils qui, bien qu'adulte depuis longtemps déjà, restait un être faible et timide, ce qui ne faisait que renforcer l'importance de chef de famille de Hööshek et sa volonté de s'affirmer dans la vie.

Grand-mère parlait peu de sa sœur, et seulement pour en dire du bien. Elle ne disait pas de mal non plus des autres, des étrangers. Elle était comme cela.

* *baj* : homme riche

Ce qui n'a pas empêché qu'on raconte bien des choses sur Hööshek, sur ce qu'elle avait fait de la yourte et du troupeau de grand-mère. De fil en aiguille, les pièces s'assemblaient toutes seules.

Les Hööshek avaient beau se tenir toujours à l'écart, l'histoire rapportée miette par miette était là et pouvait donner une image approximative de la vie qu'avait eu grand-mère auprès de sa sœur. Hööshek, elle aussi, est morte depuis longtemps. Dans toutes les langues et chez tous les peuples, on affirme qu'il ne faut pas dire du mal d'un mort. Pourquoi ? Etre mort est-il un luxe dont seuls les élus peuvent jouir ? Ou bien une peine que seuls les exclus doivent expier ? C'est ce que doit payer chacun pour avoir été, pour s'acquitter du miracle qui préside à chaque naissance. Ainsi restons sur les traces du passé à la lueur de la vérité !

Petit à petit, la yourte et le troupeau de grand-mère sont passés aux mains de Hööshek. Il valait mieux que les bonnes couvertures de feutre tapissent la yourte de la sœur plutôt que de traîner bêtement et de s'abîmer. Avant, Hööshek avait dit aussi : pourquoi monter deux yourtes quand il y a assez de place pour tout le monde dans une seule ? !

Grand-mère a donc dû faire de sa propre yourte un tas de paquets et l'abandonner pour s'installer dans celle de sa sœur. Lorsqu'on est allé chercher le premier paquet dans le tas pour y prendre la couverture, on a prétexté que c'était en attendant de presser du feutre pour en faire des couvertures. Mais on n'a jamais pressé de feutre, en revanche on a pris d'autres couvertures.

Quant aux moins bonnes, elles n'ont pas continué non plus à traîner longtemps sans emploi dans des paquets. On les a prises comme tapis de selle pour les montures et les bêtes de somme. On les a utilisées d'abord toutes entières, comme pis-aller, exceptionnellement ; mais au bout d'un certain temps, on les a découpées pour les coudre à la bonne dimension. Il est arrivé la même chose à l'armature de bois. Les supports du toit y sont passés les premiers ; l'un après l'autre, on les a employés à d'autres usages. Et on n'a pas tardé à être assez libre, assez prodigue pour en tailler un en morceaux et en faire des piquets. Car des piquets, on en avait besoin !

Puis cela a été quelques-uns des treillis et des parois de la yourte qui ont rejoint le logis de la sœur où ils ont remplacé ceux qui auraient dû être réparés.

Même chose pour le bétail. On s'est plu à subvenir aux dépenses courantes, non seulement avec les agneaux et les chevreaux du troupeau de grand-mère, mais aussi avec ses moutons et ses chèvres adultes. On a dit que les bêtes étaient plus petites, d'une manière ou d'une autre moins bonnes que celles de son propre troupeau. Il valait mieux garder les meilleures puisqu'on remplacerait le tout à grand-mère. Mais on ne lui a pas remplacé le moindre agneau, rien !

Un jour, on s'est rendu à l'évidence : cela n'avait pas de sens de continuer à traîner ce tas de paquets qui avait autrefois constitué une yourte. On l'a donc défait pour prendre ce qui avait encore une valeur et jeter le reste au feu. C'est ainsi que grand-mère a perdu son toit. Et elle aurait probablement perdu aussi ses biens en restant chez sa sœur. Mais, par chance, il en a été autrement !

Grand-mère avait coutume de tenir la tête légèrement penchée de côté. Je tiens à le mentionner déjà ici, bien que je doive continuer à raconter un moment encore les prémisses de cette histoire que j'ai reconstituée plus tard seulement, une fois adulte.

Dans le langage populaire, grand-mère avait pour nom *Dongur Hootschun*, ce qui signifiait la vieille femme à la tête rasée. Un nom à prendre au sens littéral. Elle était la première des deux seules femmes au crâne rasé que j'ai vues chez les Touvas. Et on a d'ailleurs appelée aussi *Dongur Hootschun* l'autre femme qui a habité l'Altaï une demi-génération après.

Comme si souvent, le surnom avait depuis longtemps remplacé le vrai nom. La façon dont elle s'appelait avant, tant qu'elle avait encore de longs cheveux noirs dont elle faisait deux nattes, restera un secret pour l'éternité. Moi, je l'appelais *Dongor Enem* : ma grand-mère à la tête rasée. « Pourquoi *Enem* ? C'est *ta* grand-mère ? ! » voulaient savoir certains enfants, mais j'avais vite fait de les remettre à leur place.

A l'époque dans l'Altaï, les enfants vivaient en bonne intelligence ; les films pleins de bagarres et de coups de feu n'avaient pas encore fait leur apparition, et même l'esprit qui prêchait l'émancipation, mais insufflait la discorde, ne régnait pas encore. Ainsi, en règle générale, la réponse de l'enfant que je venais de rabrouer était : « Bon, bon. D'accord pour *Eneng* – ta grand-mère ! »

Dans l'*aïl*, parents et adultes plaçaient mon nom devant celui de grand-mère, en employant la terminaison qui indique l'appartenance, ou mieux encore la possession. Et cela me plaisait !

Car elle était effectivement *ma* grand-mère. Les choses s'étaient passées ainsi : depuis qu'elle vivait chez sa sœur, grand-mère s'occupait des petits travaux dans la yourte et dans l'enclos, ses forces ne lui permettaient pas plus. Cela faisait longtemps en effet qu'elle avait dépassé les soixante-dix ans. Elle voyait rarement du monde, se déplaçait plus rarement encore et, à son âge, ce ne pouvait plus être qu'à cheval. Cela ne lui arrivait que lorsqu'elle ne voulait pas se couper elle-même les cheveux à ras, mais les faire entièrement raser, et cette tâche était exclusivement réservée aux hommes.

C'est ainsi que grand-mère partit encore une fois à la recherche de quelqu'un pour lui raser les cheveux. Et elle vint à passer près de notre *aïl* et de notre yourte. Le récit est simple, mais en réalité ce fut une méchante histoire en dépit de son heureuse issue. Car le cheval de grand-mère s'était emballé en voyant des chiens et était passé au galop devant quatre ou cinq *aïls*. Les chiens, tout d'abord au nombre de trois, talonnaient la monture et sa cavalière, il en arrivait toujours plus et ils finirent par former une bande d'une bonne douzaine. Notre cousin Molum qui passait par hasard à cheval dans le coin la sauva : il poursuivit l'animal qui fuyait, le rattrapa et réussit à le saisir par les rênes.

On imagine l'accueil chaleureux qui fut réservé à une visiteuse arrivée dans ces circonstances. La vieille femme, encore toute tremblante et haletante, était assise sur le bon tapis de feutre qu'on roulait d'habitude derrière la pile de vêtements et ne sortait que pour une visite rare ou vénérable. Les adultes la saluaient et la plaignaient, les enfants la dévoraient des yeux et s'étonnaient. La troupe de ces derniers était arrivée au galop, avant même qu'on ne puisse aider la visiteuse à descendre de selle ; quant aux femmes, elles étaient apparues l'une après l'autre, qui avec un bébé au sein, qui avec la peau qu'elle était en train de tanner, qui avec à la main le vêtement qu'elle cousait, et tout le monde répétait en substance ce qui avait déjà été dit et demandé. Grand-mère répondait elle aussi dans les mêmes termes aux questions et aux bienveillants reproches qu'on lui adressait pour avoir eu l'insouciance de se fier à un cheval indocile.

Le cheval de grand-mère était une jument qui avait eu un jour le poil gris sombre mais qui, avec l'âge, paraissait presque blanche. Cette jument était tout sauf sauvage, mais depuis que des loups l'avait attaquée et mise à mal, elle avait peur des chiens. C'était toutefois la seule monture de grand-mère. Car, bien qu'elle ait mis bas tous les ans, les tempêtes de neige de la fin de l'hiver, les loups et la Hööshek avaient tant et si bien fait qu'elle était restée toute seule.

Sur le poêle chauffait le meilleur thé. Le meilleur thé, c'était quand s'ajoutaient à l'infusion du lait et du sel, ainsi qu'une bouillie de farine très grasse. Et ce thé était le résultat d'un travail collectif, car au passage chacune des femmes qui s'étaient confortablement installées entre la porte et le fourneau se rendait utile à sa façon. L'odeur de graisse et de farine chaudes ne faisait qu'augmenter la curiosité du petit monde, curiosité qui venait du désir d'apprendre enfin quelle était cette personne à la tête d'homme et à la voix de femme. Les enfants n'avaient pas le droit d'entrer comme les adultes dans la yourte, ni même de rester sur le pas de la porte, ils faisaient les cent pas devant l'entrée en jetant des regards furtifs et scrutateurs à l'intérieur. Ils en étaient presque malheureux.

Lorsque la visiteuse a franchi le seuil de la yourte, un bébé tout gazouillant lui a tendu les bras. Cela n'avait en soi rien d'extraordinaire. Autrefois, dès qu'un enfant pouvait se déplacer seul, et jusqu'à ce qu'il sache distinguer le danger, on l'attachait à une corde dont un bout était noué à la tête du lit de ses parents. Même si cela protégeait l'objet de cette sollicitude de bien des périls où il aurait pu se précipiter, c'était pour lui d'un ennui extrême. Car un enfant attaché ainsi ressemblait fort à un jeune animal retenu à un piquet : il se languissait d'un compagnon, quel qu'il fût. Le petit enfant s'est donc dandiné en pépiant à la rencontre de la nouvelle venue, et c'est grand-mère qui a été la première personne à me saluer. Elle, qui n'a d'abord été que la vieille à la tête rasée, a répondu à sa façon à mon bonjour : elle m'a fait un signe de tête, m'a adressé de loin des caresses et m'a béni en me souhaitant longue vie. Ce qu'elle a exprimé par ces mots : « Prends ma tête blanche, les dents jaunes qui me restent encore, et toutes mes années ! » Puis elle a dû provisoirement se détourner de moi, car il lui fallait échanger des saluts avec les adultes, prendre les blagues à tabac qu'on lui tendait et les renifler – elle ne prisait pas.

Mais j'ai insisté, j'ai gesticulé, les yeux rivés sur elle, et continué à m'agiter jusqu'à ce qu'on me prête enfin attention et qu'on se décide à me détacher. A peine libre, j'ai marché droit vers elle à quatre pattes et, avec un cri joyeux, j'ai attrapé les mains qu'elle me tendait. Elle m'a aidé à me mettre debout, m'a attiré à elle, elle a commencé par me renifler les mains, puis les cheveux, avant de me souhaiter de nouveau longue vie. Cette fois, elle s'est adressée à l'Altaï en formulant cette prière : « *Ej baj Aldajm !* Prends ce petit chiot dans ton sein pour le protéger de ce qui vient d'en bas, prends ce petit chiot au creux de ton aisselle pour le protéger de ce qui vient d'en haut, et donne-lui une longue vie et un long bonheur ! » Puis elle m'a assis sur ses genoux où elle m'a gardé. C'est ainsi qu'elle a cessé d'être « une vieille à la tête rasée » et qu'elle est devenue pour moi et pour notre famille « ma grand-mère à la tête rasée ».

Grand-mère est restée la journée à l'*aïl* et y a passé la nuit. Tandis qu'elle allait de yourte en yourte boire le thé préparé à son intention, j'étais collé sur son dos, et c'est elle qui a pris pour moi un morceau de *höötbeng** ou de *scharbing** et me l'a mis dans la main – ce que ma mère avait fait jusqu'alors. Cela a duré jusqu'à ce que le sommeil me terrasse.

Le lendemain matin, on avait sellé à temps la jument grise de grand-mère, mais elle n'a pu se mettre en route que vers midi car je ne voulais pas descendre de ses genoux et me mettais à pousser des cris perçants dès

* höötbeng : boulette de farine cuite dans du lait bouillant
** scharbing : genre de crêpe

qu'on faisait mine de me prendre. Elle a dû attendre que je me rendorme. A cause des chiens et à cause de la sœur, le cousin Molum l'a raccompagnée. Mes parents l'ont chargé de dire, une fois arrivé à la yourte de Hööshek, quelques mots en faveur de grand-mère.

Grand-mère est revenue au printemps. Avant, il y avait eu l'hiver ; pendant tout ce temps, autrefois, on n'entendait peu parler les uns des autres, souvent même pas du tout. Cette année-là, mes parents ont ignoré jusqu'à la fin si les Hööshek n'avaient pas subi trop de pertes à Baschgy Dag et si grand-mère avait survécu à l'hiver.

C'est alors qu'elle est arrivée ! C'était encore la période maigre au milieu des tempêtes et de la migration, notre yourte venait tout juste d'atteindre Hara Hoowu. Les Hööshek étaient descendus des montagnes pour gagner la steppe, et ils avaient fait halte à Saryg Höl. Ayant fait des compliments au fils Hööshek, son neveu, sur ses jeunes yeux perçants et sur sa longue vue, grand-mère l'avait prié d'observer Hara Dag, au-delà de l'Ak Hem. Un matin, Sedip, le neveu, lui a dit que l'*aïl* se mettait en route. Et il l'a informée régulièrement des mouvements du troupeau de moutons et de yaks qu'accompagnaient les bœufs avec le chargement : « Heritsche au-dessus de Doora Hara, Üd Ödek, Gysyl Schat, le bord de l'Ak Hem. »

« Fais bien attention maintenant, mon garçon, a dit grand-mère, nous n'allons pas tarder à savoir où ils vont ! » Peu après, il lui a rapporté que les troupeaux passaient l'Ak Hem en direction des hauteurs du Gysyl Ushuk. Grand-mère a su où trouver bientôt notre yourte.

Le lendemain matin, elle est partie à cheval pour aller se faire raser les cheveux, a-t-elle dit à sa sœur, pour se rafraîchir enfin la tête. Elle a trouvé notre yourte là où elle le supposait. Maman a grondé grand-mère en apprenant qu'elle était venue seule, traversant avec peine le Homdu, ce grand *fleuve dangereux*, où la glace était déjà brisée et fragile et où elle avait vu par endroits l'eau profonde. Bien entendu, maman était aussi contente que grand-mère soit venue. J'étais maintenant plus grand et je pouvais marcher, mais il s'est passé la même chose qu'avant : en poussant un cri, je me suis précipité vers elle et je suis grimpé sur ses genoux d'où je n'ai plus voulu descendre. Jusqu'au soir, j'y suis resté, demeurant longtemps éveillé. Lorsque j'ai été enfin endormi, grand-mère aurait pu me garder toute la nuit près d'elle, mais elle m'a rendu à ma mère. Les cheveux de grand-mère avaient beaucoup poussé. Elle n'y avait pas touché de l'hiver pour avoir l'occasion de venir à tout moment nous rejoindre.

Non seulement les tempêtes persistaient, mais elles augmentaient encore de jour en jour, tandis qu'à l'inverse le soleil ne cessait de croître : l'affrontement de ces deux forces naturelles avait un effet pour moitié destructeur ; la carapace de glace qui recouvrait les rivières était d'heure en heure plus fragile, elle s'effritait et fondait.

Mon père, qui avait profité de mon sommeil pour enlever grand-mère, l'avait ramenée l'après-midi. C'était comme si la joie qui m'emplissait à sa vue avait laissé en moi une onde, une touche de lumière : si intense et si claire qu'au-delà du temps sa trace éclatante brûle encore. Le fleuve était maintenant infranchissable, la fraîcheur de la nuit n'avait plus suffi à ressouder pour quelques heures les morceaux de glace épars dont la masse toute imprégnée d'eau ressemblait à de l'argile molle qui s'enfonçait dès que le sabot d'un cheval s'y posait. Papa n'avait d'autre choix que de faire venir sur la rive l'un des Kazakhs déjà amarrés là en le priant d'informer Hööshek à Saryg Höl.

Grand-mère est restée chez nous jusqu'au début de l'été. Elle était d'une grande aide pour le ménage. D'autant plus qu'elle me surveillait. Et elle faisait plus encore : elle m'élevait. Mais sans doute ne le savait-elle pas elle-même ; personne à la yourte ne pouvait savoir autrefois qu'il élevait un enfant, et les enfants n'avaient pas conscience d'être élevés. D'ailleurs, ce mot manquait dans notre langue.

Grand-mère se sentait bien chez nous. Un enfant avait fait tout à coup irruption dans son âme maternelle depuis longtemps esseulée, il l'emplissait, l'illuminait.

A deux reprises, les paroles de Hööshek nous sont parvenues. A cette époque, on n'écrivait pas, les lettres ne venaient que de l'extérieur, de très loin, des soldats. A l'intérieur du pays circulaient seulement les paroles que les voyageurs de passage apportaient telles qu'elles avaient été prononcées de bouche à oreille. Les premières paroles de Hööshek pour sa sœur étaient brèves, elles se limitaient à une constatation et à une question qui renfermait sans doute aussi un avertissement : « Il y a longtemps qu'on peut de nouveau franchir le fleuve. Pourquoi ne reviens-tu pas ? ! » Avant que ces paroles n'arrivent, d'autres avaient été prononcées dans notre yourte. Papa et maman avaient offert à grand-mère de rester chez nous. En ce qui concerne mon père, la proposition était textuellement la suivante : « J'ai porté mon père mort, et ma mère aussi. Face au Ciel et à mes enfants, je peux dire : j'ai rempli mes devoirs de fils ! Il n'est pas donné à tout le monde d'accomplir son devoir le plus sacré. Le Ciel sait pourquoi. De tout temps, les hommes ont fait de leur mieux pour le remplir. Et celui qui a pu le faire pour un autre a eu de la chance ! Sans doute l'avait-il méritée ! Awaj, il dépend de vous de désigner celui que vous jugez digne de vous porter le jour venu sur le dernier chemin ! Si votre choix s'arrêtait sur moi, je serais aussi heureux que si ma mère était revenue pour que je puisse vivre un moment encore avec elle et l'emmener reposer une seconde fois ! »

Ma mère s'était décidée pour les paroles suivantes : « Je n'ai pas mérité l'honneur de m'occuper de ma mère sur ses vieux jours ; ce sont d'autres meilleurs que moi parmi mes frères et sœurs qui ont été élus. Mais sachez, Daaj, que vous serez pour moi une mère si vous voulez bien voir en moi une fille. S'il y a du thé dans la théière, je vous servirai le plus fort ; s'il y a de la viande dans la marmite, je vous offrirai les meilleurs morceaux ! »

Et c'est en termes tout aussi solennels que grand-mère avait répondu : « Nous sommes dix enfants d'une même mère. Il n'en reste que deux. Hööshek est la plus jeune. Je pourrais lui tenir lieu de mère et, en accomplissant le devoir maternel, jouir des droits qu'il confère. Je suis bien mauvaise de n'avoir fait tout cela qu'à moitié jusqu'à présent. Et j'ai sûrement déçu les mânes de mon père, de ma mère et de mes frères et sœurs. Que dire si j'abandonne de son vivant la seule qui me reste ? »

C'était donc un refus.

La deuxième fois, les paroles de Hööshek étaient plus explicites : « Si tu as l'estomac mieux rempli et le corps plus dispos chez des étrangers que chez moi, ta propre sœur, tu peux y rester jusqu'à ta mort. Mais il y a dans ma yourte, et autour, des choses qui t'appartiennent et dont j'ignore s'il faut se débarrasser ou si tu en as encore besoin. J'ai eu bien assez de mal à rejoindre les pâturages d'été, sache que j'aimerais m'épargner cela au retour ! »

Ma mère, qui était présente lorsqu'on a transmis ce message, s'est écriée, indignée : « Elle parle de choses ? Et pourquoi pas tout de suite du bétail ? »

Mais grand-mère a gardé son calme et elle a fait dire : « Tu es née de la même chair que moi et nous avons grandi dans le même nid. C'est donc ton devoir de me porter dans la steppe quand le jour sera venu pour moi. Eh bien, je t'en décharge et te prie d'y emporter ce qui m'appartient pour le brûler à la place de mon corps.

Laisse les sous-vêtements et les deux poteries. Je viendrai les chercher à l'occasion et plus tard, quand je serai morte, Schynykbaj et Balsyng les détruiront. Encore un mot : tu parles d'étrangers. Les étrangers pour nous, ce sont les Kazakhs, les Chinois, les Russes, mais tous, même eux, sont des hommes. Regarde mieux et tu verras que nous avons nous-mêmes une parenté avec les animaux qui nous entourent. Alors pourquoi pas avec les hommes, quels qu'ils soient ? Nous sommes les fruits d'un même arbre, les enfants d'une même mère. Ne transforme pas tes frères et sœurs en étrangers. Je te le dis parce que je connais les choses depuis plus longtemps et que ma fin n'est sans doute plus très éloignée ! »

Les personnes nommées plus haut et désignées par grand-mère pour détruire ses affaires si elle venait à mourir étaient mon père et ma mère.

Grand-mère avait donc tranché.

Restait en suspens ce qu'il fallait faire du bétail. Elle-même n'en parlait pas, ce qui était assez curieux. Mes parents se sont consultés. Peut-être grand-mère était-elle gênée ? Ma mère voulait convaincre mon père qu'il lui dise de laisser ses bêtes à Hööshek, sinon elle pourrait croire qu'on lui avait pris sa sœur à cause du bétail. Mon père n'était pas de cet avis : Hööshek pouvait penser ce qu'elle voulait ; ce qui comptait, c'était grand-mère, et peu importait tout ce qui arriverait, l'essentiel était qu'elle ne se sente pas blessée.

Mes parents en ont parlé à grand-mère qui ne s'est pas fait prier. « Vous avez remarqué que les mots me sont restés dans la gorge et que je n'ai pas su comment les dire. Le troupeau n'est pas grand, mais il vient de celui de mon père, il est le fruit du pénible labeur de toute ma vie. C'est donc avec toute ma bénédiction que je le laisserais à l'enfant qui a fait fondre mon cœur et illuminé mon âme à la fin de mes jours. Seulement voilà... »

Elle s'est arrêtée. Mon père s'est empressé de lui venir en aide : « Awaj*, oubliez la noirceur des gens. Elle s'effacera devant la pureté de votre bénédiction et de notre respect pour vos cheveux blancs ! »

« Tu as raison, Schynyk, a répondu grand-mère de son ton tranquille et assuré, quand on connaît la pureté, on n'a jamais à redouter la noirceur. Mais je pensais à autre chose. Aux obligations et à la loi de l'Etat. Vous avez bien assez de tracas avec votre propre bétail, et voilà le mien qui viendrait vous compliquer la vie. »

« Si ce n'est que cela, Awaj, dit mon père soulagé, faites ce que bon vous semble. Le garçon vous sera reconnaissant toute sa vie, comme je suis reconnaissant moi-même à ceux auxquels je dois mon troupeau. Car c'est lui qui me nourrit aujourd'hui, moi et mes enfants, et qui nourrira encore mes petits-enfants et mes arrière-petits-enfants ! »

Vers le milieu du premier mois d'été, grand-mère partit à cheval pour la yourte de sa sœur. Elle emmenait Molum qui conduirait le bétail. Mes parents estimaient qu'elle avait bien le temps d'aller le chercher, qu'il valait mieux le faire à l'automne quand les *aïls* se seraient rapprochés davantage. Quant aux vêtements, grand-mère avait déjà cousu différentes choses. Mais elle-même pensait qu'il fallait que le troupeau s'habitue aux pâturages et aux autres bêtes avant l'arrivée du froid et que nous devions voir chaque tête de bétail pour la garder en mémoire – le plus tôt serait le mieux.

C'est alors que le malheur s'abattit sur notre *aïl*, sur notre yourte, sur moi. Je tombai dans la marmite de lait bouillant.

Cela se produisit le soir du jour où grand-mère était partie chercher mon futur troupeau pour le ramener dans

* awaj : sœur, tante ; mot employé pour s'adresser aux parents du côté paternel

l'enclos. Maman avait mis le lait qu'elle venait de traire à bouillir dans le chaudron en fonte et, comme le feu était encore trop vif, elle l'avait descendu de l'*oshuk** pour le poser un moment sur trois morceaux de crottin.

Puis elle avait quitté la yourte pour aller attacher les veaux, car on venait de ramener de paître le troupeau de yaks. Mon père et mes aînés étaient dehors à s'occuper des agneaux. J'avais dormi tout habillé sans être encore prêt pour la nuit car, un moment avant, le sommeil m'avait terrassé et je m'étais écroulé comme si souvent en plein jeu ; allongé maintenant sur le lit bas, je dormais. Ma mère était en train de s'approcher du dernier veau qui s'enfuyait quand elle entendit mon cri. L'inquiétude l'assaillit, mais elle essaya de se calmer en se disant que je pleurais seulement de peur en me réveillant. Elle ne voulait pas courir à la yourte sans avoir attrapé tous les veaux et terminé ainsi son dernier travail de la journée. Elle tint bon jusqu'à ce qu'elle eût maîtrisé enfin le veau qu'elle attacha à la *dshele*. Elle s'élança alors vers la yourte aussi vite qu'elle le put car les cris qui résonnaient toujours s'étranglaient, à la limite de la suffocation. Le feu de l'*oshuk* était maintenant éteint et il faisait sombre dans la yourte. Ma mère dut faire de la lumière pour me trouver. Elle me découvrit dans le chaudron. Je surnageai dans le lait, raide de peur, les membres tendus. On distinguait la tête, les bras et les jambes. Ce dut être mon salut, sinon je serais sûrement mort noyé. La marmite était grande, un mouton entier y disparaissait et, bien qu'on fût encore tôt dans l'année et que la véritable saison de la traite n'eût pas encore commencé, le lait arrivait presque au bord.

Depuis que grand-mère était chez nous, on avait abandonné l'ancienne coutume, on ne m'attachait plus, aussi turbulent que je fusse. Je l'avais bien compris, et je m'en

* oshuk : foyer constitué de cercles métalliques et de quatre pieds

étais déshabitué, comme on le vit ce jour-là. Car grand-mère n'étant plus là pour me surveiller, maman avait essayé de m'attacher à la corde, mais rien à faire : je m'étais défendu par tous les moyens possibles et j'avais fini par triompher.

Une chance que j'ignore tout de ce qui s'est passé alors. Que personne n'arrive à se rappeler les détails. Ni ma mère qui a dû me repêcher dans le lait, ni mon père qui a dû se précipiter en entendant notre double cri et notre double plainte, ni mes aînés qui n'ont pas tardé à apparaître pour repartir en courant chercher les gens de l'*aïl* : personne n'a pu m'en dire plus jusqu'à présent. Mais peut-être ne l'ont-ils pas voulu ? Peut-être s'est-il passé quelque chose qui reste inexprimable ? Le premier messager a quitté l'*aïl* sur-le-champ. Il a porté la nouvelle au campement suivant d'où d'autres hommes sont partis à cheval pour d'autres *aïls*. Si bien que la nouvelle a couru peu après aux quatre coins du ciel à la vitesse d'un cheval fouetté sans relâche. Le *doj** était proche, on avait déjà attrapé et dressé les chevaux de course, ce qui a encore joué en ma faveur. Cette nuit-là, ils ont vécu leur première épreuve de force et sûrement la plus dure ; chargés de lourdes selles et d'adultes corpulents, ils ont couvert la distance de nombreux *örtöös***, même s'ils ont fait une pause à chaque *aïl*. Le chemin les a menés par les montagnes, les steppes et les fleuves jusqu'aux *somons**** voisins où vivaient les Uriangkhais et les Dörbets, les Kazakhs, les Torguts et autres communautés aux langues et au savoir particuliers. Le premier des hommes est revenu avant minuit. Il rapportait de la

* doj : fête nationale mongole les 11 et 12 juillet

** örtöös : relais de poste instaurés par les grands seigneurs mongols au XIIIe siècle, supprimés en 1949. La distance entre deux örtöös couvrait environ 30 km

*** somon : unité administrative, département

graisse d'ours vieille de dix ans. Il fallait en badigeonner la brûlure. D'autres ont apporté d'autres graisses : de cheval sauvage, de chameau sauvage, de blaireau, de zibeline, même de marmotte et toujours et toujours d'ours, le tout conservé longtemps, souvent presque toute une vie.

Plus la graisse était vieille, plus elle devenait liquide et claire ; de la graisse d'ours conservée vingt-cinq ans ressemblait à de l'eau de source. Les Touvas étaient aussi bons chasseurs qu'éleveurs, mais rares étaient ceux qui savaient que la graisse d'animal sauvage avait des vertus cicatrisantes – bizarre. Car, durant ces journées, tout ce qui arrivait de l'extérieur et qu'on était allé quérir en éreintant les chevaux et en suppliant les hommes aurait aussi bien pu se trouver chez nous, dans notre *aïl*, dans presque toutes les yourtes. Au lieu de quoi, on a salué avec respect cette nouveauté et je n'ai pas tardé à nager dans la graisse. Seulement tout, mais vraiment tout paraissait inefficace. L'être nu que j'étais, au tronc presque entièrement à vif, continuait à hurler et hurler bien qu'il n'eût plus de voix et que ses yeux fussent secs depuis longtemps ; il était agité de tremblements, on voyait qu'il souffrait le martyr. Seuls l'extrémité des membres, le visage, le cou et le tour du nombril avaient encore la peau intacte. Dans mon malheur, j'avais de la chance que mes mains et mes pieds aient été épargnés : on pouvait me mettre debout en me tenant par les mains. Vers le soir du surlendemain, le dernier cavalier rentra. C'était Dambi, un parent de ma mère, un *daaj** pour moi. Il apportait une chose qu'on n'avait pas encore, dont personne n'avait encore entendu parler : une masse claire et dure qui fondait à la chaleur et devenait liquide. Cela s'appelait *dawyyrgaj*, ce qui ne disait rien à personne autrefois. Mais plus tard, devenu familier de l'univers des langues, j'ai su que ce devait être la forme

* daaj : membre de la famille du côté maternel

mongole du mot résine. C'était la résine d'un arbre particulier. Et cette *dawyyrgaj* possédait effectivement le pouvoir miracle : à peine a-t-elle été appliquée sur la chair écorchée et luisante de graisse du petit être douloureux qu'il a cessé de hurler et de trembler pour sombrer bientôt dans le sommeil. Il a dormi longtemps, longtemps. Pourtant c'était un sommeil pénible, car il était impossible d'allonger le dormeur : comme avant, il fallait continuer à le tenir. En plus de la personne qui le maintenait debout, il était entouré d'un rideau qui le protégeait du froid, des courants d'air et des inutiles regards étrangers que, depuis toujours, on épargnait à l'enfant touva dès qu'il tombait malade.

Accroupie devant moi, la personne qui me tenait par les poignets, les bras en l'air, n'avait pas la tâche facile. Il fallait qu'elle pense constamment à ne pas laisser échapper le corps suspendu et glissant. Au bout de peu de temps, elle commençait à avoir des fourmillements dans les avant-bras, ils ne tardaient pas à la brûler puis finissaient par devenir insensibles et inertes tandis qu'elle regardait impuissante le poids lui glisser des mains petit à petit.

Il fallait la remplacer, impossible de faire autrement. Mon père et ma mère se relayaient. Ils devaient s'occuper à tour de rôle de la vie à l'intérieur de la yourte. Au-dehors, c'étaient les voisins qui s'en chargeaient.

Une fois réveillé, je me remis à hurler, mais différemment : ce n'était déjà plus le cri d'alarme, le cri de lutte avec la vie qui menaçait de rompre, de s'éteindre.

Un jour, une troisième paire de mains est venue se poser sur moi, c'était celle de grand-mère. Oui, grand-mère : durant tous ces jours et toutes ces nuits, elle était restée devant le poêle dont elle avait sans arrêt entretenu le feu ; c'était le seul service qu'elle avait osé rendre et qu'on avait toléré.

Elle était revenue dès le lendemain de son départ. La nouvelle du malheur avait fait le tour du pays, mais curieusement sans lui parvenir. Elle était arrivée avec tous les biens qui lui restaient encore. C'est seulement une fois dans la yourte qu'elle a appris ce qui s'était passé. Au lieu de la saluer joyeusement, comme elle avait dû s'y attendre, ma mère l'a accueillie par ces mots : « Voilà pourquoi vous vouliez absolument partir : c'était l'esprit malin logé dans vos maudites bêtes qui vous appelait ! »

Grand-mère s'est effondrée, elle est tombée à genoux et restée immobile et muette, le regard errant seulement de-ci de-là, les yeux secs et brillants, éloquents, hurlants d'éloquence.

Mon père et ma mère souffraient beaucoup de mon malheur. Mais les souffrances qu'a dû endurer grand-mère sont pour moi à jamais inconcevables. Elles étaient si terribles, si immenses, si indicibles que seul celui qui les a connues peut les comprendre. Cette infortune n'avait pas seulement anéanti d'un coup le bonheur maternel qu'elle avait retrouvé des années après l'avoir perdu, elle l'avait aussi rendue apparemment coupable de la souffrance d'autrui. Ma mère aurait pu dire le contraire de ce qui lui avait échappé des lèvres, par exemple : « Ne vous en faites pas, Daaj, ce n'est pas de chance, personne n'y est pour quoi que ce soit », au fond cela n'aurait rien changé à l'affaire. Pourtant maman ne se pardonnait pas d'avoir fait ce reproche à voix haute, sans réfléchir, à une vieille personne qui venait de trouver inopinément une étincelle d'espoir à la fin d'une vie dure, solitaire et presque dépourvue de sens, qui croyait l'achever au milieu de gens bien intentionnés et laisser quand même sur terre quelqu'un qui penserait à elle et pour qui ses efforts auraient été utiles.

Donc, les mains de grand-mère vinrent s'ajouter aux autres et lutter contre la puissance avec laquelle la terre m'attirait à elle, lutter directement pour ma vie. Certes, leurs forces n'étaient pas comparables à celles de mes parents, à l'époque jeunes et en bonne santé, ces maigres forces n'avaient aucun rapport avec sa volonté. Les bras gourds et le corps raidi, elle luttait contre la pesanteur et refusait de céder ; il fallait quasiment lui faire violence pour la remplacer quand on voyait son état épouvantable : les mâchoires édentées toutes serrées et la tête toute agitée de tremblements.

Mais c'était quand même mieux ainsi, non seulement pour grand-mère qui serait restée sinon assise devant le poêle, avec à la longue le sentiment d'être superflue voire rejetée, mais aussi à cause des devoirs ménagers qui s'accumulaient d'heure en heure en attendant mes parents.

Inutile de préciser que la brûlure a guéri et que je suis resté en vie. J'avoue que j'en suis heureux, pas uniquement pour ma petite personne, mais aussi pour les gens qui ont souffert à cause de moi, pour grand-mère surtout, parce que la faible lueur d'espoir qu'elle avait trouvée si tard lui était restée.

Le malheur survenu avec la rapidité de l'éclair m'avait laissé nu comme un ver. Je vivais tel un oisillon en cage. Pendant nos déplacements, je me tenais debout ou à quatre pattes dans un panier molletonné, sur le dos d'un chameau. Assise à mes côtés sur un épais coussin de feutre, les jambes allongées, grand-mère veillait sur moi. Quand il faisait frais ou qu'il pleuvait, elle couvrait le panier, mais quand le temps était chaud et ensoleillé, il restait ouvert et grand-mère discutait avec moi.

C'est ainsi que, traversant les cols, nous avons monté et descendu durant l'été les vallées montagneuses du Borgasun. Et lorsque, sous le soleil automnal, nous avons franchi de nouveau en direction du nord les cinq bras de l'Ak Hem, le fleuve laiteux de notre mère patrie, la brûlure était déjà cicatrisée et la peau morte, pareille à l'écorce d'un tremble, avait commencé à se détacher de celle qui s'était reformée en dessous. Cette peau neuve a d'abord été rêche et fragile, mais avec le temps elle est devenue plus lisse et plus épaisse. Le froid venant, des vêtements m'ont couvert le corps, ce qui signifiait que j'étais définitivement sauvé.

Les dernières années de sa vie, grand-mère a été heureuse. Nous étions l'un à l'autre, nous étions ensemble, nous vivions l'un pour l'autre. Nous formions une petite famille à l'intérieur de la grande. Dans la grande, il pouvait y avoir des accrocs, dans notre petite famille régnait toujours l'harmonie, le petit soleil du bonheur y brillait. Grand-mère voyait se réaliser ses rêves tardifs, elle vivait déjà certains d'entre eux et avait une influence sur leur développement.

Grand-mère et moi avions notre place à nous dans la yourte. Au fond à droite. Les grands-mères paraissaient habiter toujours le côté droit de la yourte, c'était le cas chez les autres aussi. Mais à l'avant. Et toutes les grands-mères n'avaient pas leur propre enfant, ni à plus forte raison leur propre troupeau à partager avec cet enfant.

Ah, le troupeau ! C'était toute *ma* fierté. Rien que des moutons à la tête noire et aux oreilles courtes. Ils étaient plus petits que les bêtes auxquelles nous étions habitués et avaient aussi une laine plus courte. Un jour, papa a dit que nos moutons étaient d'une race plus noble que ceux de grand-mère. Mais c'était plus tard et cette réflexion m'a paru être une offense envers elle.

Grand-mère a expliqué qu'elle avait amené vingt et une bêtes. Quelques-unes avaient disparu dans le troupeau de Hööshek.

« Disparu, Daaj ? a dit maman en colère. Hööshek s'en est débarrassée ! ». Mais grand-mère a gardé son calme : « Naturellement, une bête peut aussi disparaître. Les miennes se sont perdues dans le grand troupeau et c'est comme cela qu'elles ont disparu. » Maman a voulu donner son opinion, mais papa l'a devancée : « Tu n'étais pas là quand Hööshek a emmené les bêtes. Peut-être ont-elles vraiment disparu. Ma femme, contrôle-toi enfin. Ce n'est pas pour rien qu'on dit qu'un mauvais cheval est moins dangereux qu'une mauvaise langue ! »

Maman avait l'esprit belliqueux et, en matière de proverbes, elle n'était pas en reste. Ainsi en a-t-elle cité un autre : « Les chiens n'aiment pas vous voir un bâton à la main, les hommes n'aiment pas vous entendre la vérité à la bouche ! » Grand-mère a toussoté, ce qui signifiait qu'elle aussi voulait dire quelque chose. On a attendu, et la dispute qui commençait s'est interrompue. Grand-mère a pris son temps et dit : « La soie est une chose précieuse, en porte qui peut. Mais qu'adviendrait-il si, pour faire une bonne serpillière, on prenait de la soie ? »

Il fallait souvent chercher le sens des paroles de grand-mère. Cela semblait être justement le cas. Mes parents se sont tus pour réfléchir. La discussion est retombée, on a perdu le fil, le débat était clos.

J'ai appris à compter les moutons. Certains jours, je le faisais deux fois : le matin quand le troupeau était encore couché dans l'enclos et le soir quand il rentrait de paître. Grand-mère m'a appris les chiffres. Elle avait dix doigts, cinq à chaque main. Moi aussi, même si les miens étaient bien différents des siens. Nous possédions autant de moutons que tous nos doigts réunis, auxquels il fallait en rajouter un que nous n'avions pas. Il y avait deux gros et grands moutons, nous disions que c'étaient les deux pouces de grand-mère. On estimait qu'ils se faisaient déjà vieux, bien qu'ils fussent nés plus tard que mon frère et ma sœur qui n'étaient encore que des enfants. Peut-être que tante Galdarak avait raison lorsqu'elle disait comme à l'accoutumée : « Tu ne comprendras jamais ce monde. »

Quand une bête vieillissait, il fallait l'abattre. Car il ne fallait pas qu'elle meure vraiment de vieillesse, elle devait nourrir les hommes qui l'avaient élevée et maintenue en vie tout ce temps.

Ainsi en allait-il pour nos deux gros moutons. On a abattu d'abord le plus vieux. C'était à la fin de l'automne. On abattait aussi d'autres bêtes en prévision de l'hiver. Grand-mère a dit que nous devions avoir tous deux nos propres réserves, sinon pourquoi posséder un troupeau ? Et j'ai souvent répété ces paroles devant d'autres personnes. Pour preuve, je montrais d'abord le mouton vivant, puis l'*üüsche** congelé, le plus gros en son genre : « Ce sont nos provisions pour l'hiver, à grand-mère et à moi ! »

Il sera encore question de l'autre mouton. Pour l'instant, il nous en reste vingt. Dont douze femelles. Elles mettraient toutes bas et tous les agneaux grandiraient. Peut-être qu'une ou deux brebis auraient deux petits, peut-être qu'une ou deux agnelles mettraient bas dès le printemps prochain. C'étaient des choses qu'on voyait parfois. Je calculais donc. J'avais la tête pleine de chiffres. De bons, de magnifiques chiffres, dociles, ils allaient toujours dans un seul sens, comme les agneaux vers leur mère, ils s'ajoutaient tous pour compléter notre troupeau. Car ces chiffres, c'étaient des agneaux, toujours des agneaux, des agneaux à tête noire et à oreilles courtes d'une portée de deux, des agneaux d'agnelles, des agneaux d'une deuxième portée, des agneaux offerts. Mais oui, on pouvait parfaitement m'offrir un petit agneau, que ce soit l'un ou l'autre *daaj*, l'une ou l'autre *güüj***, voire un voisin ou un *tamyr**** ou... Ah, tout, tout était possible, il arrivait si souvent qu'on offre des agneaux. Ce n'étaient parfois que des chevreaux, moi je préférerais bien sûr un agneau, c'était parfois un petit yak ou même un poulain, mais un agneau me suffirait aussi, un petit agneau...

* üüsche : viande congelée de petits animaux
** güüj : femme d'un daaj
*** tamyr : ami, compagnon

Les chiffres s'enfuyaient vite, plus vite par moments que les poulains qui apprennent à fuir quand on les attrape au lasso. Mais je les poursuivais obstinément, inlassablement, ils finissaient toujours par devoir se soumettre et je pouvais les traiter comme un troupeau de bêtes rodées, dociles, fatiguées. J'avais autant de visions et d'ambitions que les gens de la planification, je découvrais sans cesse de nouvelles réserves, je voyais tantôt ici, tantôt là un petit agneau à attirer dans mon troupeau.

On connaît déjà la jument grise de grand-mère ; dans mon esprit, elle aussi devait mettre bas, même si elle était proportionnellement tout aussi vieille que grand-mère elle-même.

J'anticipais et voulais qu'au début de l'été, tant que mon deuxième gros mouton était encore vivant, mon troupeau ne compte pas moins de quarante bêtes.

Le printemps est arrivé, les brebis ont mis bas. Mais pas de portées de deux, pas d'agneaux d'agnelles. En revanche, quatre agneaux en cadeau, ce qui était plus que prévu. Seulement, ils venaient tous du même enclos. Ce printemps-là, quelque chose d'inouï s'est produit : la jument grise, qui entre-temps n'était plus grise mais déjà blanche, a pouliné, et c'était même un poulain pie ! Mais il a été dévoré par des loups peu de jours après. Ni grand-mère ni moi n'avons vu le joli poulain. Cette joyeuse nouvelle est devenue pour nous seulement bien triste : un on-dit, un rêve dont il fallait brusquement se réveiller. Grand-mère a calculé que la jument avait vingt et un ans. Pour un cheval, c'était un âge respectable. Elle a vécu encore deux ans. C'est dire que j'ai attendu encore deux fois, en vain, elle n'a plus mis bas. J'aurais bien aimé attendre encore, mais mes parents me tarabustaient, ils étaient d'avis que la bête pouvait crever et finir de façon aussi laide que vaine. Un jour, je me suis laissé convaincre et j'ai accepté qu'on l'abatte. Mais on a appelé cela autrement : faire bouillir la marmite. J'ai donné ma jument pour rien, sans l'échanger comme chaque fois qu'il fallait vendre ou abattre l'un de mes moutons devenu trop vieux : là, j'exigeais toujours quelque chose à la place. A l'occasion d'un de ces échanges, mouton contre mouton, ma mère a dit à mon père : « Il marche sur les traces de Staline ! » Entendons-nous, ma mère ne parlait pas du fils du *dshugaschwilli* de Géorgie qui a fait son chemin jusqu'au Kremlin et, comme beaucoup le croient, a fini par y rester pour l'éternité en dépit d'un petit changement de décor. Non, celui auquel elle pensait, c'était un autre Staline, le fils de Lobtschaa, un Touva. Lui est demeuré toute sa vie, soixante-dix-sept ans, dans l'Altaï où il repose peut-être aussi pour l'éternité. Il était le plus âgé et le plus puissant de mes six *daajs*. Il avait bien des traits de caractère affirmés, des bons comme des mauvais, et je suppose que maman pensait en l'occurrence à son avarice. Alors pourquoi ma soudaine générosité, surtout pour une jument ? Comme je ne la voyais qu'occasionnellement, peut-être ne me tenait-elle pas autant à cœur que les moutons que je regardais et comptais tous les matins, avec lesquels je vivais tous les jours ? Ou bien étais-je du même acabit que ce sot qui, à force de n'avoir en tête que des miettes, ne voyait plus le morceau de pain ? A moins que la jument, en me promettant un poulain qui serait ma future monture d'homme, n'ait été le support d'un rêve ? Ce support se trouvant scié à la base et le rêve envolé, la douleur m'empêchait de penser à pareille vétille qu'une compensation.

La jument avait fait son temps. La femme qu'elle avait portée n'était plus. Pour elle aussi, l'heure était venue de s'en aller et de laisser à un autre l'espace vital qu'elle occupait. Mais on n'en était pas là. Grand-mère vivait encore, toujours à mes côtés. Elle veillait sur moi, se réjouissait de me voir grandir et lui poser chaque jour mille questions. Elle m'expliquait inlassablement les choses qui me désorientaient. Inlassablement aussi elle me racontait des histoires. Elle en avait beaucoup à raconter, car sa vie avait été longue et surtout son esprit était resté toujours en éveil. Elle ne connaissait pas la hâte, elle s'attardait des jours durant sur certaines histoires. Il y en avait qu'elle recommençait à raconter chaque fois que je le souhaitais. Sa mémoire était bonne, pareille à une bibliothèque bien rangée. Elle n'avait pas besoin de chercher, elle paraissait garder les histoires à portée de main, chacune reliée comme un livre avec son titre et son numéro. Chaque détail, chaque mot comptaient pour elle.

Je souhaitais tout le temps entendre l'histoire de la mère Dökterbej.

C'était difficile à croire, mais ce devait être vrai puisque grand-mère le disait : elle aussi avait été enfant. Un jour, comme d'habitude, elle gardait le troupeau de moutons. C'était au début de l'été et les jours rallongeaient. Mais elle trouva ce jour-là particulièrement long et, lasse de s'ennuyer, elle décida de se rendre à une yourte située à l'autre bout de la steppe. Elle laissa donc le troupeau continuer à brouter seul et s'en alla. Elle fit galoper son cheval à vive allure, car la distance était grande. Lorsqu'elle se fut assez rapprochée du but pour voir le chien venir à sa rencontre, elle mit l'animal au pas et remarqua tout à coup qu'il était en nage. Elle prit peur. Que se passerait-il si celui qui allait sortir de la yourte pour retenir le chien était un adulte ? Il verrait tout de suite qu'on avait crevé un cheval alors qu'on était déjà dans la période de repos où l'on fait engraisser les bêtes !

La personne qui sortit de la yourte était une vieille femme. Grand-mère, ou plutôt l'enfant qu'elle était encore, la reconnut aussitôt et n'en fut que plus effrayée. Car c'était un personnage redouté ; on l'appelait la Vieille Noire, certaines mères se servaient d'elle pour faire peur à leurs petits enfants. Les gens bien intentionnés disaient : Mère

Dökterbej. Dökterbej était son fils. En général, c'étaient de méchantes histoires qui couraient sur son compte.

La vieille était effectivement très noire. Son visage et ses mains étaient tachés de suie, et ses vêtements eux-mêmes étaient d'un noir profond.

Ce fut la monture qui, par habitude, s'approcha de la yourte ; si cela n'avait tenu qu'à la cavalière, elles se seraient plutôt sauvées toutes les deux. Et voilà l'enfant, côté soleil, devant la yourte et devant la Vieille Noire ; toujours en selle, incapable de prononcer un mot de salut. Il lui sembla voir la vieille lever vers elle des yeux furibonds tandis qu'elle disait : « Ton cheval est en nage comme si un diable l'avait enfourché, mais toi qui le montes, tu ne sembles même pas capable d'en descendre – qu'en dis-tu ? » Il y avait de l'ironie dans sa voix rauque, mais pas forcément de méchanceté.

L'enfant descendit de cheval, s'attendant au pire. Le pire, c'étaient quelques claques sur les fesses ou sur les épaules. Mais il n'en fut rien. On lui offrit une bouillie de farine. La bouillie était dans un *sawyl** où elle avait bien reposé, elle avait goût de lait de yak crémeux, avec des grumeaux gros comme le doigt qui fondaient et s'évanouissaient à peine pressés avec la langue contre le palais. J'avais déjà mangé ce genre de bouillie, de la crème aussi, avec du beurre jaune et même une fois du sucre en poudre. Mais celle que grand-mère avait mangé là, c'était autre chose – et sûrement meilleur. A chaque fois que je l'écoutais, l'eau me venait à la bouche. Et je regrettais beaucoup de n'être pas venu au monde plus tôt, tant qu'existait encore cette vieille qui n'était pas méchante et qui préparait une si merveilleuse bouillie : je serais allé à sa yourte à la place de grand-mère ou, mieux, avec elle.

Maman, qui écoutait elle aussi l'histoire, a fait remar-

* sawyl : bol fabriqué dans une racine d'arbre

quer un jour : « Mais Daaj, la mère Dökterbej devait quand même être une sorcière pour qu'on en ait tellement parlé partout et raconté des histoires toutes plus horribles les unes que les autres ? ! »

Grand-mère a relevé lentement la tête qu'elle tenait penchée comme toujours quand elle avait fini son récit. Et, tournant vers ma mère son regard doux, elle a dit de sa voix aux intonations tendres mais fermes et au timbre un peu trop grave pour une femme : « Tu l'as vue ? »

Ma mère ne l'avait pas vue.

« Donc, poursuivit grand-mère d'un air important, tu ne l'as pas vue, mais moi si. Et ce n'est pas une sorcière que j'ai vue, mais un être humain. Une vieille femme, comme l'était ma mère ou comme l'est ta mère, comme je le suis ou comme tu le seras un jour ! » Maman n'a rien répondu et ne s'est plus jamais mêlée de l'histoire non plus, aussi souvent qu'on ait pu l'entendre.

Le plus beau, c'étaient les soirs d'hiver. Tantôt le poêle ronflait, tantôt il sifflait, et le bruit gagnait la marmite où cuisait la viande, le parfum qui s'en dégageait se faisait sans cesse plus lourd, il semblait se lier à tout ce qui flottait dans la lumière vacillante, s'y incorporer, et c'est sans doute pourquoi on aurait cru tout à coup l'existence tangible. Cette impression était aussi physique et concrète que si l'on avait été dans une rivière où l'on sentait l'eau vous picoter et vous rafraîchir la peau. Grand-mère était assise devant la porte du fourneau. Mon père peinait sur un reste de peau de yak et on l'entendait souffler comme chaque fois qu'il devait fournir de gros efforts. Ma mère travaillait à un vêtement. Et nous autres enfants jouions aux *gashyks**. Tantôt grand-mère se retrouvait dans la lumière, tantôt elle disparaissait dans l'ombre, le

* gashyks : osselets de mouton ou de chèvre pour le jeu, le culte

*düüleesch** prenait vite, mais il brûlait vite aussi et il fallait en remettre sans arrêt. Nous étions tous réunis autour de la lampe à huile. Il y avait une conversation dans l'air, à voix basse, monocorde, sans hâte. Chacun prenait la parole à son tour. Nos parents parlaient surtout de ce qui s'était passé dans la journée. Grand-mère commentait et expliquait, ce qui finissait toujours par une histoire. Personne ne l'interrompait, personne n'interrompait personne, tout le monde disait ce qu'il avait sur le cœur. Sans interrompre non plus ce qu'il faisait.

Tout le monde écoutait, même nous les enfants qui jouions aux *gashyks,* voulions réussir beaucoup, beaucoup de figures de chevaux, en réussissions beaucoup et étions contents. Nous aimions bien jouer, mais nous ne perdions pas pour autant le fil de la conversation, même si nous ne nous y mêlions pas sans avoir été sollicités. Nous participions à tout. Il y avait parfois une assez longue pause, mais nul ne s'y engouffrait brutalement, on la faisait plutôt durer pour réfléchir, on pourrait penser que c'était une façon de se préparer au repos nocturne.

Grand-mère restait parfois allongée. Il fallait alors que ma sœur et mon frère se relaient devant la porte du poêle en fonte rond pour entretenir le feu. Ce devait être une activité pénible car celui dont c'était le tour suppliait le suivant de venir enfin le remplacer. Moi j'étais en dehors de tout cela, heureux observateur, j'étais au-dessus des peines de mes aînés, ce qui ne m'empêchait pas de faire à l'occasion des réflexions. Car je n'étais pas seulement le plus jeune, j'étais aussi l'enfant brûlé. Je pouvais à mon gré arborer ma brûlure. Et en jouer de façon si crédible. Avant de me façonner pour me donner la vie et m'abandonner au devenir et à la mort, mère Nature m'avait peut-être doté

* düüleesch : plante de haute montagne aux racines denses et au feuillage souple et touffu

aussi d'une petite part de talent pour la comédie. Que grand-mère fût assise ou couchée, je ne manquais pas de me faufiler jusqu'à elle, au milieu de nos jeux, pour aller caresser sa tête rasée ou tirer sur le lobe de ses oreilles curieusement fraîches sous les doigts ; elles pendaient sous le poids de lourdes boucles d'oreilles en argent comme chez toutes les Touvas adultes à cette époque.

Grand-mère était attentive même dans son sommeil, sa main me cherchait, caressait ma crinière, mes joues, et dès que ma tête passait près de son nez, elle la flairait avec un petit bruit de gorge, comme une jument endormie qui sent la présence de son poulain.

Grand-mère, aussi âgée qu'elle l'ait toujours été, restait vive et continuait à se rendre utile. Seuls ses yeux vieillissaient encore, on le voyait quand elle cousait. S'il lui arrivait de lâcher l'aiguille, il lui fallait tâter la natte jusqu'à ce que le bout de son doigt tombe dessus. Ma mère disait en hochant la tête : « Mais Daaj, je vous ai dit d'arrêter enfin de coudre ! »

Ce à quoi grand-mère répondait gaiement : « Ce n'est pas à moi d'arrêter, non, ce sont mes yeux qui doivent cesser de faire les paresseux ! Et ils vont le faire dès que je les aurai lavés avec le petit pipi de mon petit garçon ! »

Je ne me le faisais pas dire deux fois. J'étais déjà devant elle, le pantalon baissé jusqu'aux genoux. « Tu veux, Enej ? »

« Tu peux ? »

« Oui ! »

Grand-mère me tendait le creux de sa main et je faisais pipi dedans.

« C'est tout ? »

« Pour commencer. »

« Tu ne devrais pas te retenir, ce n'est pas bon. Je te l'ai déjà dit. D'ailleurs, je n'ai pas besoin de plus, une main pleine suffit. »

« Non, Enej ! C'est dommage de faire pipi par terre. Je préfère te donner tout. Il faut bien te laver les yeux ! »

Grand-mère se laissait convaincre, elle me tendait une deuxième fois le creux de sa main. « Maintenant, c'est vraiment assez. Ne te retiens pas. »

J'avais de toute façon fini. J'étais content. C'était un sentiment agréable de savoir que je faisais quelque chose d'utile pour ma grand-mère.

Les dents de grand-mère avait vieilli aussi. Elles n'avaient pas pu vieillir beaucoup plus, car elles étaient toutes tombées. Elle avait arraché elle-même les dernières. Il lui avait fallu tirer longtemps. Elle disait que c'était mieux ainsi, que c'était plus confortable pour elle.

Les dents de grand-mère étaient différentes des nôtres, elles étaient jaunies et usées à l'extrémité, mais encore très longues et solides à la racine, on les aurait dites en pierre. Arsylang ne les mangeait pas. J'avais beau les envelopper dans du gras de queue de mouton, il laissait tout le temps tomber la dent alors qu'il tournait avec gourmandise la tranche de gras sur sa langue avant de l'avaler. Jamais il n'avait remarqué avant les dents qu'on lui jetait enveloppées dans du gras : ma sœur et mon frère avaient perdu les leurs l'une après l'autre et on les avait toutes jetées à Arsylang enveloppées dans une fine tranche de gras. En lui adressant cette supplique : « Prends ma vieille dent en échange d'une jeune ! »

Et effectivement, mon frère et ma sœur avaient retrouvé toutes leurs dents. J'aurais tant voulu qu'Arsylang prenne au moins les dernières de grand-mère en échange de nouvelles. Mais il n'y avait rien à faire et c'est ainsi qu'elle n'a pas eu de dents neuves.

Sur ce point aussi, il fallait que je l'aide. A chaque fois que j'y pensais, je mâchais des morceaux d'*aarschy**

* aarschy : petits morceaux de fromage blanc séché

séchés dont je remplissais le *sawyl* de grand-mère. Et à chaque fois, elle me félicitait : « L'*aarschy* était encore une fois si bien mâché, si fin et juteux ! »

J'avais différents rêves d'avenir. Le plus important était de posséder ma propre yourte. Je voulais y vivre avec grand-mère. Autour de cette yourte paîtrait un grand troupeau qui nous appartiendrait à tous deux. Qu'il me faille aussi une femme avec laquelle j'aurais ensuite des enfants, je n'y pensais pas encore. Grand-mère serait là près de moi, avec moi, pour moi, qu'avais-je à faire d'une femme ?

C'est alors que s'annonça quelque chose qui me donna à réfléchir et éveilla mes craintes. Grand-mère me dit un jour qu'il était temps pour elle de s'en retourner.

« Mais tu es ici chez toi, grand-mère ! » m'écriai-je stupéfait.

Elle sourit et réfléchit avant de parler : « Il le faut. C'est le sort de chacun. On ne peut pas faire autrement. » Et, au bout d'un moment, elle ajouta : « Mais je reviendrai. »

« Quand ? »

« Quand tu seras aussi grand que ton père l'est aujourd'hui. »

« Non, c'est beaucoup trop long ! Je ne te laisserai pas partir, grand-mère ! »

« C'est qu'il faut du temps. Ne me bouscule pas. Sinon, je pourrais m'égarer et revenir chez quelqu'un d'autre. »

« C'est chez moi que tu dois revenir, grand-mère, seulement chez moi ! J'habiterai ma propre yourte, et le troupeau aura augmenté. »

« Bien sûr que c'est chez toi que je reviendrai, mon petit chiot. »

« Grand-mère, essaie de ne pas vieillir davantage, sinon qui sait si tu n'es pas capable de te perdre quand même ! Et n'oublie pas de te laver souvent les yeux avec du petit pipi. J'espère que tu trouveras là-bas un petit garçon comme moi pour t'en donner. Mais gare à toi, grand-mère, si tu avais l'intention de rester chez lui pour toujours ! »

« Je ne vieillirai pas. Au contraire, je rajeunirai de plus en plus et je rapetisserai jusqu'à redevenir un bébé. Dès que ce sera fait, je me dépêcherai de revenir ici chez toi ! »

Cela me paraissait étrange et me faisait peur : pas grand-mère, une autre ? Et même un petit bébé ? « Mais je ne veux personne d'autre, je ne veux pas de bébé, c'est toi que je veux, grand-mère. »

« Je serai cette autre, ce bébé, mon enfant ! »

« Un bébé – et tu retrouveras quand même le chemin d'ici ? »

« Tout le monde retrouve le chemin, pourquoi pas moi ? »

Ah bon ?! Evidemment. Mais si tout le monde retrouvait le chemin, d'autres s'en retourneraient aussi, d'où la remarque « c'est le sort de chacun » ! Donc, moi aussi, un jour – comme c'était terrible, mais comme c'était intéressant ! Je gardai toutefois cette réflexion pour moi et demandai plutôt à grand-mère comment je pourrais la reconnaître une fois devenue bébé.

« Tu me reconnaîtras sûrement. »

Elle dit cela d'un ton joyeux et assuré.

Plus grand-mère approchait de sa fin, plus elle racontait d'histoires et plus elles étaient instructives. La toute dernière que j'ai entendue était celle-ci : Grand-mère ne faisait aucun cas des habitudes superflues. Elle entendait par là fumer, priser et boire. Pourtant, elle avait bu un jour un plein bol d'*aragy** et depuis elle savait que même ce qui est mauvais peut être parfois meilleur que ce qui est bon.

* aragy : eau-de-vie fabriquée à partir de lait fermenté

Un cavalier arriva à une heure tardive, au beau milieu de la saison de l'*aragy*. Il s'agissait d'un bagarreur redouté, en plus il était saoul. Bien entendu, on voulut se débarrasser de l'individu le plus paisiblement possible. Elle s'empressa donc de remplir un grand bol d'*aragy* qu'on venait de distiller et qui fumait encore, elle le tendit à l'homme en le saluant. Le visiteur accepta bien sûr l'offrande, but une gorgée, marqua un temps, goûta et se mit à hurler : « Avale toi-même ta misérable bibine, garce, ou je te fracasse le crâne et je mets le toit de ta hutte dans le feu. »

C'est alors que grand-mère se souvint qu'il y avait eu du sel dans le bol. Elle reprit la saumure des mains de l'homme hurlant et écumant et fit ce qu'on lui disait. La peur était plus forte que le dégoût. Là-dessus, elle se sentit très mal, mais cela eut finalement quelque chose de bon : à cette époque, elle souffrait d'une violente diarrhée, et voilà qu'elle semblait enfin guérie. Elle réfléchit et décida de tester à l'occasion le remède sur un animal. Cette occasion se présenta d'ailleurs bientôt, et le traitement s'avéra efficace. Dès lors, grand-mère sut guérir la diarrhée chez qui que ce fût, chez elle-même ou chez un mouton.

Un jour, j'ai remarqué que grand-mère mangeait moins qu'avant. Son *sawyl* était de toute façon minuscule. Mais elle voulait maintenant qu'on ne le remplisse plus qu'à moitié. Etait-elle déjà en train de devenir bébé ? Peut-être le pourrait-elle sans avoir d'abord à s'en retourner ?

Je vivais dans la crainte, mais aussi dans l'espoir.

L'aïl

Sans hâte, nous rebroussions chemin. Grand-mère me montrait les oiseaux qui faisaient les fous dans les airs, et tout autour de nous les fleurs dont les couleurs chatoyantes se détachaient sur la steppe comme des éclats étincelants tombés un à un du soleil, du ciel, des glaciers et de la croupe des montagnes qui, tant il y avait de lumière, semblaient lancer flammes et fumée.

Devant nous, l'*aïl* avait l'air d'un jeu de pierres en bon ordre. L'enclos n'était encore ni noir de crottin, ni émaillé du blanc des déchets de laine, ses tons bruns contrastaient avec le vert de l'herbe. C'était parce qu'on n'avait installé l'*aïl* ici que deux jours auparavant. Les quatre yourtes ressemblaient à des *gashyks* lancés au hasard : l'une se trouvait à l'écart et paraissait ronde, dressée comme une figure de cheval réussie – un cheval, qui plus est, attaché court ; les autres se pressaient l'une contre l'autre, pareilles à des figures de chèvres auxquelles il aurait manqué à chacune quelque chose.

L'une des yourtes était très petite, ses quatre parois étaient tendues d'une étoffe blanche comme la neige, et elle étincelait. Elle appartenait à tante Galdarak, la plus jeune des deux sœurs de mon père. Tante Galdarak avait une fille encore au berceau qui portait un nom célèbre auquel personne n'avait encore répondu chez nous : elle s'appelait Dolgor. Tante Galdarak avait fait la vie pendant cinq ans à l'étranger, dans le Sud. C'est ce que disait papa. D'autres gens le disaient aussi, mais les histoires là-dessus divergeaient. La tante elle-même en racontait. Elle avait vu la capitale et mangé du pain. Elle avait été soldat et avait joué à la guerre avec un fusil en bois. Ce qu'était la guerre, personne ne le savait, mais tout le monde disait que c'était terrible. Nous n'avions encore jamais joué à la guerre. Les adultes ne nous l'auraient pas permis. Il y avait beaucoup de choses qu'ils ne nous permettaient pas. On nous interdisait, par exemple, de jouer au loup, et même de l'appeler par son nom. Nous disions *eshej*, grand-père, et nous savions de qui il s'agissait. « A vilains jeux, vilaine fin », disait grand-mère. Tante Galdarak avait joué à la guerre, et cela ne lui avait pas porté chance. L'homme avec lequel elle était mariée l'avait laissée tomber à l'étranger avant de disparaître.

Il y avait peu de temps que la tante était revenue – avec sa fille et cette minuscule yourte blanche comme neige que personne n'avait encore jamais vue ici, ni encore moins eue. C'était une belle yourte, une valise et un miroir en ornaient la *dör**. La yourte d'à côté n'était pas aussi blanche, même si elle paraissait claire et qu'elle était plus grande ; elle appartenait à l'autre sœur de mon père. Cette tante s'appelait Buja et son mari Sargaj. Ils avaient cinq enfants, tous plus mal élevés les uns que les autres. C'est ce que disaient nos parents. Mais moi je les enviais parce qu'ils avaient tous le droit de fumer, par exemple. Il arrivait souvent que l'oncle et la tante et leurs enfants fument tous les sept, assis autour du poêle. L'intérieur de la yourte était bleu de fumée et cela sentait l'odeur habituelle des gens vivant dans le centre. Car l'hiver, la famille s'installait dans le centre du *somon*, et Munsuk, le plus

* dör : côté de la yourte situé face à la porte et considéré comme la place d'honneur

jeune des trois fils, racontait qu'ils étaient débarrassés du bétail du matin au soir pour de nombreux mois.

La troisième yourte, qui avait l'air presque noire et dont les parois et le toit de feutre étaient troués par endroits, appartenait à oncle Sama. C'était le seul frère de mon père et, comme on l'apprit par la suite, il avait dix ans de moins que lui. On disait qu'oncle Sama resterait un éternel enfant. Pourtant, il était grand et très fort. Seulement, comme beaucoup d'enfants, il n'aimait pas se laver la figure, moi non plus parfois, surtout quand papa n'était pas là. On disait la même chose de sa femme, tante Pürwü. Mais moins souvent. Et surtout pas si fort. Car c'était une chamane. Avec les chamans, mieux vaut rester bons amis. C'est ce que disait maman. Ce que mon père confirmait en rajoutant même : « Avec les chiens aussi ! » Mais tout le monde ne semblait pas au courant. Oncle Sargaj moins que quiconque. Il nous donnait de l'audace à nous, les enfants de l'*aïl*. Nous ne nous moquions pas seulement d'oncle Sama, mais aussi de tante Pürwü. Et tous deux se moquaient l'un de l'autre – bizarre ! Nous passions beaucoup de temps dans leur yourte, ponctuant leur dialogue de nos rires bruyants, ce qui était notre façon d'y prendre part. A l'*aïl*, tous sauf grand-mère, mon père et ma mère, étaient des gens modernes. C'est ce que disait oncle Sargaj. Car tout le monde fumait. Encore que tante Pürwü fumât seulement quand elle chamanisait. Elle s'asseyait le dos au poêle, à droite dans le fond de la yourte, et fumait pipe sur pipe. En chantant. C'étaient des prières adressées à ses esprits, les *göldshüns**. Elle les conjurait d'apparaître enfin. Mais il fallait parfois du temps avant qu'ils ne le fassent. Alors seulement elle se levait et le véritable chamanisme, que tout le monde attendait avec impatience, pouvait com-

* göldshüns : esprits avec lesquels communiquent les chamans

mencer. Jusque-là, elle tournait le dos au poêle et aux gens, balançait la tête en fumant et en feulant. Et chaque fois que la pincée de tabac était finie et que la tante avait rejeté la fumée, elle tendait dans sa main droite la pipe vide en os de mouton que la personne de service prenait et remplissait de tabac, allumait et reposait dans la main qui attendait, doigts écartés, derrière le dos. Même oncle Sama, dont papa disait qu'il empestait, ne fumait pas autant qu'elle à ces moments-là.

Oncle Sargaj était un homme distingué, car il fumait la pipe alors que tous les autres se roulaient des bouts de cigarettes dans du papier journal. Et sa pipe n'avait rien de comparable avec celle de la chamane, elle était en laiton. Maman aussi aurait bien aimé être une personne moderne, elle fumait parfois mais en cachette, ni grand-mère ni papa ne devaient rien en savoir.

La porte en feutre de notre yourte était déjà relevée sur le toit tandis qu'elle pendait encore chez tous les autres. On ne voyait pas d'enfants. Je savais qu'ils dormaient encore. Oncle Sargaj et oncle Sama dormaient eux aussi. Mon père grognait : « Les gens pour qui les choses vont de mal en pis ont toujours le sommeil lourd ! »

Et les choses allaient de mal en pis pour eux : leurs familles n'avaient chacune qu'une seule *höne** d'agneaux et de chevreaux. Et elle n'était même pas pleine ; les quatre agneaux et les trois chevreaux de tante Galdarak la complétait. Nous, nous avions six *hönes*, rien que des agneaux. Frères et sœurs avaient pourtant reçu un jour de grand-père le même nombre de bêtes. Les nôtres s'étaient multipliées tandis que celles des autres étaient de moins en moins nombreuses.

Pendant l'absence de tante Galdarak, c'étaient oncle Sargaj et tante Buja qui s'étaient occupés de ses bêtes. Il

* höne : corde en poils de yak pour attacher les agneaux et les chevreaux

n'en était resté que très peu. Ni tante Galdarak ni sa sœur ni son beau-frère ne s'en préoccupaient. Ils disaient que les temps avaient changé, que c'étaient les temps modernes et qu'on n'avait plus besoin de bétail. C'est aussi ce que disaient oncle Sama et tante Pürwü.

« Peut-être qu'ils ont raison, s'est demandée maman un jour, puisque tout le monde le dit, ce n'est pas possible que tout le monde se trompe ! » « Sottises ! a répondu mon père d'un ton emporté. Je suis comme eux, comme tout le monde, un homme attaché aux troupeaux qui ont nourri déjà nos parents et nos ancêtres, qui nourriront éternellement nos enfants et nos petits-enfants ! » Grand-mère a donné raison à papa. « Balsyng, fais confiance à Schynyk, surtout à notre époque où les hommes perdent la tête ! » a-t-elle dit avec assurance.

Moi, j'ai couru à la yourte d'oncle Sama et de tante Pürwü. Les gens de l'*aïl* y étaient rassemblés autour de la marmite remplie de thé. J'ai regardé avec attention la tête des gens sans constater quoi que ce soit de bizarre. Elle paraissait être encore là où elle avait toujours été.

En règle générale, nous avions fini de nouer et de dénouer nos six *hönes* d'agneaux plus vite que les enfants de la famille qui n'en avaient qu'une à moitié pleine, et nous devions encore les aider à la boucler le soir et à l'ouvrir le matin.

« Chez les pauvres, ce sont les enfants qui sont gâtés, chez les riches, ce sont les bêtes de selle et de trait », disait grand-mère. Oncle Sama et oncle Sargaj étaient pauvres. Leurs enfants pouvaient dormir longtemps et tirer au flanc.

Est-ce que nous étions riches ? Est-ce que nos bêtes de selle et de trait étaient gâtées ? Je l'ignorais. Ce que je savais, c'est que mes aînés n'étaient pas des enfants gâtés. Ils se levaient tôt et se couchaient tard. Ils étaient toujours occupés. Moi, c'était différent : j'étais encore petit, j'étais le plus jeune.

Grand-mère et moi sommes allés jusqu'au fleuve. A l'endroit peu profond qu'elle avait choisi et m'avait assigné. C'est là que je devais me laver le matin le visage et les mains. En entrant dans l'eau, je me suis aperçu que j'avais oublié de faire pipi.

« Est-ce que je peux faire pipi ici, grand-mère ? »

« Non, mon petit. Je t'ai déjà dit qu'on ne doit pas souiller l'eau. »

« Mais pour une fois ? »

« Non, il ne vaut mieux pas. Le faire une fois, c'est se préparer à recommencer. L'Ak Hem, le fleuve de notre mère patrie, sera fâché. » Sortant de l'eau, je me suis éloigné en sautillant. Je voulais montrer à grand-mère et au fleuve de notre mère patrie que j'étais un enfant sage, et j'ai continué à m'éloigner dans la steppe jusqu'à ce que grand-mère me crie : « C'est bon, tu peux t'arrêter là ! »

Ma sœur Torlaa et mon frère Galkaan rentraient justement de ramasser du crottin. Ils en avaient de pleins paniers et marchaient courbés, trébuchant sous le poids.

« Cours les rejoindre, cela leur donnera des forces », a dit grand-mère. J'ai couru à leur rencontre tout en me demandant pourquoi me joindre à eux leur donnerait des forces. « Tu es un brave garçon ! » a dit ma sœur en me félicitant quand je suis arrivé près d'eux. « Surveille si un morceau de crottin tombe », a dit mon frère.

Je me suis mis entre eux et, tout en marchant, j'ai fait attention. Mais aucun morceau n'est tombé, ce qui m'a un peu chagriné. J'en oubliais leur souffle haletant.

Une des originalités de mon père était son ambition d'avoir toujours un grand tas de crottin près de la yourte. Quand on se déplaçait, à peine avait-on descendu les éléments de la yourte du dos des bêtes de somme qu'il vidait les paniers pour envoyer ses enfants chercher du crottin.

« Mais puisque nous n'arriverons pas à finir le tas de toute façon, pourquoi éreinter les enfants ? » maugréait maman lorsqu'il nous équipait. Papa répondait : « Il faut qu'il en reste ! D'autres de passage ici en profiteront, ils seront reconnaissants à celui qui l'a ramassé dans la steppe, l'a ramené à la sueur de son front et a pris soin d'en faire un tas. Pourquoi crois-tu que le proverbe dise : « Là où était la yourte d'un homme respectable, il reste un tas de crottin ; là où était celle d'un vaurien un tas de merde ? »

Grand-mère donnait encore une fois raison à papa et maman était obligée de se taire. Oncle Sargaj, déjà la pipe à la bouche, est sorti de sa yourte avec le *lawschak* de tante Buja sur les épaules. A peine avait-il fait dix pas qu'il s'est planté, jambes écartées, pour faire pipi. Son corps était droit, immobile, seule sa tête bougeait ; je savais qu'il observait les montagnes au loin et le ciel au-dessus. Il semblait ne pas nous voir alors que nous passions près de lui à portée de lasso. Mon frère m'a rappelé à l'ordre à mi-voix : « Ne regarde pas ! Cela ne se fait pas quand les adultes se soulagent ! » J'ai essayé de me défendre : « Je ne regardais que la pipe ! » Mais j'ai quand même obéi tout de suite, j'entendais seulement encore le bruit clair de l'urine. Oncle Sargaj faisait pipi longtemps. Mon père aussi, et même plus longtemps encore. Mais lui s'éloignait davantage et il ne restait pas debout, il s'agenouillait. La plupart du temps, on ne l'entendait pas.

Grand-mère nous attendait près du tas de crottin. Elle a fait observer que les paniers étaient pleins et les morceaux de crottin gris et brillants, durs et secs. Ce qui était un compliment pour mes aînés. Je voulais qu'elle remarque ma part de travail : « Et j'ai fait attention à ce qu'aucun morceau ne tombe, grand-mère ! » « C'est bien ce que je dis ! » approuva-t-elle. J'ai vu le doux sourire qui creusait sa lèvre supérieure.

C'est ainsi que la journée commençait.

L'après-midi, un *darga** est apparu à la limite de la steppe. Avant même de voir les affaires qu'il portait, on l'a reconnu à sa façon de chevaucher. Il était assis en travers de la selle, sur une seule cuisse. On n'a pas tardé à distinguer aussi la casquette à visière, les hautes bottes et la *süngük*** qui brillaient au soleil. La *süngük* en cuir chromé se balançait à son côté au rythme du galop du cheval et faisait penser à un chevreau noir qui se cabre et se démène autour de son piquet.

A cette époque, on avait un saint respect pour les *dargas* ; avec le temps, il a dégénéré en culte mortel, curieusement partout où le peuple avait pris le pouvoir en main et instauré son propre ordre. La vie de l'*aïl* s'est brusquement animée : les hommes, qui avaient retrouvé la chaleur du campement d'automne après les journées fraîches du campement d'été, s'étaient débarrassés du haut de leur *lawschak* et cherchaient maintenant leurs manches ; les femmes rassemblaient à la hâte les objets et les vêtements éparpillés au fil de la journée pour les remettre à leur place ou les cacher ; on envoyait les enfants chercher de l'eau et du crottin tout en leur rappelant de se moucher le nez et d'être sages devant le *darga.*

Les gens et les chiens de l'*aïl* ne quittaient pas des yeux le *darga* qui s'approchait. Il maintenait son cheval au galop à petits coups de pieds que rythmait aussi sa main gauche, le poing refermé sur les rênes ; la main droite, fermée elle aussi, reposait sur sa cuisse, semblant presque cacher l'absence du fouet qu'elle était censée tenir et souligner d'autant plus l'aspect majestueux du *darga.* Les gens de l'*aïl* s'empressaient de rappeler leurs

* darga : chef, supérieur
** süngük : sacoche, cartable

chiens et ceux-ci, déjà dressés sur leurs pattes, jetaient des coups d'œil hésitants tantôt vers le cavalier inconnu, tantôt vers leurs maîtres.

Tout à coup l'un des chiens, perdant patience, a levé le museau et bondi en poussant un aboiement ; les autres, se joignant à lui, se sont élancés à grand bruit.

En voyant les chiens arriver à toute allure, le cheval s'est mis au pas, le cavalier a changé de posture pour s'asseoir, calme et raide, sur la selle. Mais comme sa main droite et son poing gardaient la même pose, il a conservé au moins pour moitié l'aspect d'un *darga*.

Les chiens ont d'abord fait autant de tapage que s'il y avait eu un ennemi tout proche, on aurait dit qu'ils allaient sauter sur le cheval de tous les côtés à la fois pour arracher le cavalier de la selle, mais pas du tout : au contraire, leur attitude s'est relâchée et finalement, quand il a eu franchi la limite de l'enclos, ils s'en sont désintéressés et n'ont pas tardé à se disperser pour retourner se coucher chacun près de sa yourte. Tout cela sous la surveillance de leurs maîtres qui ne cessaient de les appeler.

Le *darga* a dirigé son cheval vers la yourte presque noire d'oncle Sama, conformément à la coutume de l'époque qui voulait que le représentant du pouvoir s'approche toujours en premier lieu des plus pauvres parmi le peuple – contrairement à aujourd'hui où l'on associe invariablement à la plus claire et à la plus grande des yourtes la voiture des *dargas* ou leur colonne qui vient de temps en temps envahir le pays.

Oncle Sama, le plus jeune fils de l'homme le plus riche, avait réussi à devenir l'un des plus pauvres, ce qui était certainement à son grand avantage étant donné les idées qui hantaient le cerveau des puissants d'alors.

Ce jour-là, le *darga* ne pouvait pas encore deviner que le prétendu soutien de l'Etat populaire allait même devenir bientôt un commerçant mal famé et sa femme une chamane redoutée. Non, à l'époque tous deux n'en étaient qu'à leurs débuts et menaient une vie de patachon. Ainsi étaient-ils effectivement pauvres et avaient-ils plus d'enfants que d'agneaux. C'est ce qu'affirmait oncle Sargaj et ce n'était pas tout à fait juste, car la plus courte *böne* compte vingt nœuds alors qu'oncle Sama et tante Pürwü n'ont fait en tout que quinze enfants. Dès le début, ils ont eu la réputation d'en avoir beaucoup et je soupçonne un peu que le désordre qui régnait dans leur yourte renforçait en entrant l'impression qu'il y avait un grand nombre d'enfants : on devait penser à la caverne d'un animal où grouillent des petits tout gris et gluants.

Donc, tout le monde était là, ahuri, à observer et à suivre les faits et gestes du *darga* qui arrivait et descendait de cheval. J'avais déjà vu des *dargas* et celui-ci était particulièrement élégant, c'était un jeune et joli garçon. Tout à coup, j'ai été saisi d'effroi et j'ai senti qu'il me venait de l'extérieur, qu'il était provoqué par cet adulte. Car le *darga* n'avait pas de longe. Il s'apprêtait à attacher son cheval par les rênes à la sangle de la yourte. Ce qu'on ne devait pas faire, ce qui était strictement interdit à quiconque. Et mon effroi a encore augmenté. Car mon père s'est écrié : « Halte, mon garçon ! Tiens ton cheval, j'arrive ! »

Cette injonction s'adressait au *darga*. Les femmes paraissaient pétrifiées, elles restaient penchées chacune sur leur ouvrage tandis que leur regard allait et venait de mon père, le chef de l'*aïl*, au *darga* qu'il avait appelé mon garçon. Oncle Sama qui pendant tout ce temps, à quatre pattes et la tête passée dans le cadre de la porte, avait regardé le *darga* s'approcher, s'était maintenant glissé devant le seuil. Assis là, un *dshargak** en loques sur les épaules, il affichait un sourire ambigu et ses petits yeux torves lorgnaient de tous les côtés.

* dshargak : vêtement des pauvres en peau de mouton ou de chèvre

Nous autres enfants restions bouche bée, bras ballants, à fixer les adultes sans plus les comprendre que les événements. Mon père est revenu avec une lanière de cuir, l'une de celles qu'il avait découpées dans la peau du yak Saasgan Ala pour la tanner pendant les soirs d'hiver, et qu'il conservait avec les autres longes, lassos et liens dans le sac en daim sous les deux coffres de la *dör*. En prenant pour mesure les bras tendus de mon père, la lanière faisait une brasse et demie, elle était douce comme du velours et toujours tiède au toucher, avec un reflet doré.

Et c'est cette lanière que mon père voulait *lui* offrir ! Nous l'avons su avant même qu'il ne soit arrivé près de l'étranger qui avait une bride, mais pas de longe, et avant même qu'il n'ait prononcé un mot. Car il avait encore pour originalité d'offrir des pièces de cuir qu'il façonnait lui-même. C'est en mongol que le *darga* a salué brièvement mon père qui lui a répondu de la même façon et dans la même langue. Mais c'est en touva qu'il a dû écouter ensuite une histoire qui contenait à la fois un enseignement et un reproche. Il nous a fallu des années pour en apprendre la raison et la teneur, mais en voici déjà le sens :

En réalité, le *darga* n'était pas un *darga* mais un instituteur, il s'appelait Düktügbej et c'était le fils de Dandisch de la tribu des Hara-Sojan. Un jour, dans sa jeunesse, mon père avait dû fuir avec son troupeau de chevaux devant la neige qui tombait jour après jour, enterrant de plus en plus les pâturages. Finalement, il était arrivé dans le pays des Hara-Sojan. Au lieu de le renvoyer avec son troupeau affamé et épuisé, comme il l'avait craint, les gardiens de chevaux lui avaient fait bon accueil et offert de rester tant que les pâturages qui lui appartenaient seraient sous la neige. Le plus âgé de ces hommes sympathiques était Dandisch. Par la suite, dès que l'occasion s'en présentait, mon père recherchait sa compagnie, il passait la nuit dans sa yourte, partageait le thé et la viande avec sa famille, portait les enfants sur son dos et les laissait même parfois monter sur son cheval. Eh bien, l'instituteur était l'aîné des enfants de Dandisch.

En rougissant, il a écouté cette histoire tandis qu'il regardait mon père lui prendre les rênes des mains et les jeter par-dessus le pommeau de la selle, puis attacher un bout de la longe à l'anneau du bridon et l'autre à la sangle de la yourte.

Mon père a fait entrer l'instituteur comme si le maître de maison, l'oncle Sama, n'était pas là. Pourtant il était toujours dans son coin où il avait pris ses aises, il portait encore son *dshargak* en loques et de nouveau à quatre pattes comme un enfant, comme un chien, il inspectait l'arrivant de bas en haut de ses tout petits yeux torves et rusés, plissés jusqu'à n'être plus que deux traits, tout en affichant bêtement un sourire finaud sur son visage où s'étiraient deux traces brunes de sueur.

L'instituteur l'a salué, cette fois en touva, mais l'oncle lui a rendu son salut en mongol, si l'on pouvait appeler cela du mongol, tout en faisant la même mine que lorsqu'il voulait entraîner la tante dans une nouvelle dispute.

Ce qui s'est passé, nous autres enfants ne l'avons appris encore une fois que plus tard, car nous avions beau rester le plus près possible de la yourte et nous glisser le plus souvent possible devant la porte ouverte, nous devions nous contenter désormais de bribes de conversation incompréhensibles. C'était pourtant une discussion passionnante, sans cesse y revenait le nom des enfants de notre *aïl*. Ce qui ne faisait qu'augmenter notre curiosité, bien sûr. Qui aurait pensé à jouer ou à s'occuper des veaux qu'il fallait surveiller? Mais hélas, hélas, le *darga* (nous le tenions toujours pour tel et nos nez étaient si propres qu'on aurait pu les montrer au maréchal lui-même), oui le *darga* passait toujours au mongol lorsqu'il élevait la voix.

Comme nous l'avons appris par la suite, il était instituteur et chargé de recruter les enfants pour l'école. Dans la *süngük*, cette sacoche en cuir chromé dont la bandoulière brillante lui barrait la poitrine, et qui ballottait contre sa cuisse droite, il avait le nom de tous les enfants touvas qui, selon les estimations des *dargas* du centre du *somon*, étaient susceptibles d'avoir atteint leur huitième année.

Pour notre *aïl*, il y avait six noms, dont ceux de trois enfants de Sama. Marshaa, Dshanik et Tögerik. Les deux premiers étaient grands : quelqu'un avait déjà demandé Marshaa en mariage pour son fils et Dshanik, le futur éléphant du *somon*, faisait depuis longtemps partie de ceux qui chargeaient les bœufs quand on se mettait en route. Pourtant, pas plus d'un an avant, ils avaient encore soi-disant sept ans comme leur plus jeune sœur dont c'était sans doute effectivement l'âge. Il y avait donc une raison à ce qu'on demande à tous les trois de commencer l'école en même temps. Mais oncle Sama a prétendu tout à coup que la future épouse et l'athlète étaient trop âgés pour l'école et a affirmé en revanche que la troisième, elle, n'avait toujours que sept ans. L'instituteur a eu beau dire ce qu'il voulait, rien n'y a fait.

Les deux enfants suivants étaient ceux de tante Buja : Gökbasch et Sambyy. Leur père, oncle Sargaj, le corps bien droit et la tête profondément inclinée, avait salué deux fois l'homme à la *süngük* qui représentait l'Etat : tout d'abord devant sa propre yourte, puis dans celle d'oncle Sama. Il avait su lui marquer son respect dans son mauvais mongol tout en lui présentant sa pipe de laiton allumée et, à présent, il consentait à tout ce qu'il voulait.

« Bien entendu, les deux enfants iront à l'école ! » disait-il en opinant du chef sans arrêt.

« Mais la dernière fois aussi, vous avez manifesté beaucoup de bonne volonté à l'instituteur qui représentait le somon ! » lui a fait observer l'homme qui en était maintenant lui-même le représentant.

« Mais, camarade instituteur, représentant du somon, j'ai envoyé à l'école le garçon, le camarade Sambyy ! »

« Mais pas la fille, la camarade Gökbasch, camarade Sargaj ! »

« C'est vrai, camarade instituteur, représentant du somon ! Mais c'était l'année dernière. Et à l'époque, la conscience révolutionnaire des arats *, dont je fais partie, camarade, n'était pas encore aussi forte qu'aujourd'hui. Depuis, elle s'est considérablement développée. C'est écrit dans le journal, je l'ai entendu de mes propres oreilles quand on nous l'a lu, camarade darga instituteur, représentant du somon ! »

« Bon, bon. Je vous fais confiance, camarade arat. Par ailleurs, il paraît que vous souhaitez entrer au Parti ? »

« C'est vrai, camarade darga instituteur, représentant du somon ! Aussi vrai que je suis un arat inculte, je sens pourtant battre en moi un cœur d'ardent révolutionnaire et je ne doute pas le moins du monde que le grand et sage Père, le camarade maréchal Tschoïbalsan ainsi que ses fils et fidèles élèves, les camarades dargas du somon, reconnaîtront la sincérité du souhait du simple arat que je suis ! »

C'est à peu près en ces termes que s'est déroulé le dialogue entre le représentant du *somon* et l'*arat*. Puis l'instituteur s'est tourné vers mon père : « Votre fille... » Mais celui-ci l'a devancé : « Oui, c'est exact, ma fille Torlaa a huit ans. Elle sera le jour dit à l'école ! »

* arat : éleveur pauvre, pilier de la société socialiste

« Prenez donc exemple sur votre frère aîné, camarade ! » a dit joyeusement l'instituteur en se tournant vers oncle Sama qui, pour toute réponse, s'est contenté d'un petit sourire sans équivoque. Oncle Sargaj lui-même, l'ardent candidat au Parti, n'a eu qu'un sourire pour féliciter son beau-frère de la droiture de ses paroles.

Refroidi, l'instituteur a parcouru l'assistance du regard, puis il s'est de nouveau adressé à mon père : « Sur les six enfants qui doivent aller à l'école dans votre aïl, je n'en ai que la moitié. Y en aurait-il eu au moins quatre ! Dites-moi, Aga, que dois-je faire ? Que dois-je dire aux dargas en rentrant ? »

« Il t'en faut encore un ? » a demandé mon père au lieu de répondre.

« Oui, un. Au moins un ! »

« Alors, prends mon garçon. »

« Mais Aga ? »

« Il n'a que sept ans. Mais qu'importe un an ? Qu'il y aille cette année ou la prochaine, cela revient au même ! »

Ma mère, qui avait sursauté, a enfin réussi à s'écrier : « Tu veux mettre Galkaan aussi à l'école ? C'est impossible ! » Mon père l'a rabrouée : « Tais-toi ! » Tout en ordonnant au fils de Dandisch : « Note son nom. Il s'appelle Galkaan, Galkaan, fils de Schynykbaj ! »

Puis il s'est levé pour quitter la yourte. L'instituteur s'est levé aussi et a quitté l'*aïl*. Il laissait derrière lui une querelle. D'un côté, il y avait mon père tout seul, de l'autre tous les adultes de l'*aïl*. Seule grand-mère visiblement réfléchissait. Elle n'a pris la parole qu'au moment où l'on se préparait pour la nuit : « Dans un cas pareil, tu aurais dû consulter ta femme avant, Schynyk », a-t-elle dit et, poursuivant sur sa lancée, elle s'est adressée à maman qui jetait déjà des regards triomphants en entendant ces mots : « Et toi, Balsyng, sache que les choses seront plus faciles pour ta fille si elle sait son frère à ses côtés. N'oublie pas non plus que plus tôt vaut toujours mieux que plus tard. Ton mari aura pensé à tout cela. »

Cependant, avant qu'on n'en arrive là, tout le monde s'est déclaré contre mon père. Mais derrière son dos, bien entendu. Oncle Sama a traité son frère aîné de vieux gâteux avant l'âge. Tante Pürwü a parlé d'un printemps difficile qui allait venir et exiger de grands sacrifices justement là où beaucoup de gens se trouvaient rassemblés. Tante Galdarak a estimé qu'un enfant de sept ans ne serait pas capable d'apprendre quelque chose et qu'il dépérirait à force de se sentir seul loin de son foyer. Même chez les Halchas, qui sont sûrement plus intelligents et plus courageux que nous, a-t-elle dit, les enfants ne vont à l'école qu'à huit ans.

Oncle Sargaj a dit que mon père, le frère aîné de sa femme, était un homme qui ne savait pas vivre dans les temps modernes. Les temps modernes ne tenaient pas aux choses, comme avant, mais à l'esprit. Et les paroles comptaient plus que les actes. Tante Buja ne pensait pas autrement que tout le monde, c'était quelqu'un sans opinion personnelle. Tout ce que les autres disaient lui allait. Elle colportait sur-le-champ les paroles de l'un à l'autre, or celles qu'elle avait à la bouche ce jour-là étaient dirigées contre son frère aîné qu'elle craignait en réalité plus qu'un enfant son propre père.

Le petit monde se rassemblait ici et là. La conversation tournait autour du cavalier qui n'avait pas de longe et qui, sans être un *darga*, était pourtant presque aussi élégant et puissant. Et comme c'était un instituteur, la conversation tournait aussi autour de l'école et de ce qui attendait mes deux aînés, ainsi que Gökbasch et Sambyy.

« Ils vont aller à l'école ! » disait-on bouleversé, sans pouvoir s'imaginer pourtant ce que cela signifiait. Tout le monde considérait les quatre intéressés avec autant d'envie que de pitié. Eux-mêmes avaient des réactions bien différentes. Ma sœur Torlaa ne pouvait cacher sa joie et ne cherchait d'ailleurs pas à le faire, elle claironnait : « Je vais devenir institutrice, tandis que vous qui allez rester à la campagne, sans école, vous garderez les moutons et ramasserez encore du crottin quand vous serez vieux. »

Mon frère Galkaan ne disait rien. Songeur, il contemplait le monde. Personne ne pouvait savoir ce que cela cachait. Mais moi qui le connais presque mieux que moi-même, je suppose qu'il ne pensait à rien, ce qui arriverait lui était égal. Mon cousin Sambyy, lui, avait déjà été à l'école l'année d'avant, et il crânait : « Vous croyez peut-être me faire peur avec l'école ? Pas du tout, c'est drôlement bien : on n'a pas à garder les moutons ni à aller chercher de crottin, et c'est si chic que, même pour chier, on s'assoit sur deux planches. Apprendre. Bah – pour ce qui vous rentre dans la tête, ça va, le reste s'envole. Il suffit de montrer à l'instituteur qu'on est trop bête pour l'école. Cela fait, on est relâché au bout de quatre ans ! »

Ma cousine Gökbasch ne voulait rien savoir de l'école. « Vous verrez ! disait-elle en serrant les lèvres. Je n'irai pas, je dirai que je suis libre, tout le monde est libre, ce sont les temps modernes ! Les temps du féodalisme et de la contrainte sont finis ! »

Gökbasch avait tenu parole. Pour ne pas être forcée d'aller à l'école, elle s'était mariée. De son plein gré, bien entendu. Son mari était un *darga* de l'*aïmak**. Il ne parlait pas le touva, elle ne maîtrisait pas la langue mongole. Mais elle avait l'intention de l'apprendre, et c'est ce qu'elle a fait. Car elle vivait avec son *darga* dans le centre de l'*aïmak*. Il arrivait parfois des cadeaux de sa part, des sucreries, mais pas du sucre grossier, non, des bonbons de couleur tout parfumés, toujours par deux, enveloppés dans du papier qui bruissait. Ainsi la chère cousine, l'élé-

* aïmak : unité administrative, province

gante épouse du *darga* de l'*aïmak*, allait jusqu'à penser à moi ? Ou bien était-ce tante Buja qui ne pouvait s'empêcher d'avoir mauvaise conscience vis-à-vis de son frère ? Pourtant, l'histoire s'est mal terminée pour celle qui avait réussi à s'élever et devenir l'épouse d'un *darga*. Elle est morte à la naissance de son premier enfant.

Oncle Sargaj, lui non plus, n'a pu goûter pleinement les fruits de ces temps modernes qui lui plaisaient tant. Il est mort dès l'hiver suivant. Des suites d'une appendicite.

A partir de cette fameuse journée, toute la vie et l'animation de l'*aïl* ont changé. La famille évitait notre yourte. Même dehors, dans l'enclos, c'en était fini des conversations intimes qu'avait maman avec les tantes et des grands rires qui les accompagnaient. Les remarques d'oncle Sargaj et d'oncle Sama se faisaient encore plus mordantes. Elles ne touchaient plus seulement mon père, mais ses enfants, moi inclus. On m'a dit : « Alors, petit ! Toi aussi tu veux trimer pour avoir un salaire ? » Sur le moment, je n'ai pas compris ce qu'était un salaire et en quoi cela me concernait, mais j'ai perçu l'ironie de la question.

J'ai interrogé grand-mère. Elle m'a expliqué : c'était l'argent que l'Etat versait au *beg** et à ses employés autrefois, aux *dargas* et aux instituteurs aujourd'hui, l'argent dont ils vivaient. Je trouvais que ce n'était pas mal du tout. Car l'argent, ces bouts de papier colorés, représentait quelque chose de précieux. Je voyais bien le soin jaloux qu'en prenait papa. Et le respect avec lequel maman le regardait, je sentais même qu'elle était curieuse de le tenir dans sa main. Mais papa ne le lui donnait pas, il ne le lâchait jamais. Et j'entendais dire qu'on pouvait l'échanger contre tout. L'argent était rare dans notre famille. On n'en voyait qu'au printemps, quand mon père avait emmené les troupeaux de moutons et de yaks. On disait qu'on les menait

* beg : prince, membre vénérable de la famille du mari

à la frontière pour être abattus par les Russes. C'est sans doute de là que venait cette injure adressée aux bêtes : « Va donc bourrer le cul du Russe rouge ! » Les bouts de papier qu'on avait reçus en échange d'un bruyant troupeau de moutons et de yaks, et qui ne remplissaient même pas une main, se transformaient au fur et à mesure en farine, en riz, en sel, en thé de Chine ordinaire, en bougies, en plomb, en poudre, en amorces ou autres. Et quand il n'en restait plus et qu'on avait pourtant besoin de quelque chose, mon père vendait un mouton ou une femelle de yak. Les Kazakhs les prenaient. Ils avaient de l'argent. Ils abattaient les forêts, faisaient du flottage pour transporter les troncs de mélèze qu'ils échangeaient à l'*aïmak* contre les bouts de papier. Aucun Touva ne s'attaquait à un mélèze avec une cognée ou une scie, sauf s'il était tombé. Mais les Kazakhs les sciaient ou les abattaient partout où ils en trouvaient.

Et si j'avais ce salaire ? Si je possédais plein de bouts de papier colorés ? Je serais content. Je les donnerais tous aux adultes, à maman surtout, pour qu'elle aussi puisse en avoir quelques-uns en main et les échanger peut-être contre une chose dont elle aurait envie. Mais j'en donnerais aussi à papa pour qu'il n'ait plus à emmener de troupeaux aux Russes qui les abattent ni à proposer de moutons ou de yaks aux Kazakhs en échange d'un bout de papier de couleur ou deux, quelquefois un peu plus.

Les querelles qui existaient déjà avant à l'*aïl* se sont intensifiées. C'est au moment d'attacher ou de détacher les agneaux et les chevreaux qu'elles étaient les plus vives entre nous autres enfants.

Mes aînés et moi avons cessé d'aider les gosses de la famille quand, une fois de plus, ils ne s'en sortaient pas avec leur unique *höne*. Cela les mettait en colère, ils nous lançaient des piques ; ce petit démon de Torlaa était capable de répondre à un mot méchant avec encore plus de méchanceté. L'échange de propos était de jour en jour plus incisif.

Avant déjà tante Buja, qui avait l'ouïe fine, se mêlait à notre jeu ; mais à présent, elle était d'autant plus prête à intervenir dans l'altercation.

« Ces koulaks ! » a-t-elle dit une fois. Ce n'était pas une chose à se permettre avec ma sœur Torlaa qui est montée sur ses grands chevaux : « Il n'y a eu ici qu'un seul koulak et, autant que je sache, il est mort. » Elle pensait au propre père de la tante qui avait été l'homme le plus riche du coin. Au demeurant, ce n'était pas la première fois que nous entendions ce mot, cette injure. Tous ceux qui avaient quelque chose contre nous pouvaient à tout moment venir nous le dire, voire nous le hurler aux oreilles. Et ceux qui le faisaient n'obtenaient jamais de réponse : ni mon père ni ma mère ni grand-mère ne pouvaient se le permettre. Si son nom signifiait petite perdrix, Torlaa n'en était pas une, elle n'avait pas de retenue, et elle a poursuivi : « Ne parle pas de koulaks puisqu'il n'y en a plus, parle plutôt de *dshelbege**, ça grouille par ici ! » La tante, qui ne s'attendait pas à cela, s'est emballée : « Tu veux peut-être parler de *nous* ? » Torlaa, qui aurait mieux fait de s'appeler Mys (petit chat griffeur) a dit d'un ton sifflant : « De qui d'autre ? Ou bien oseras-tu affirmer que tu n'en es pas une, toi qui comme une dshelbege as englouti ta dot, la richesse de ton père, et qui maintenant, honteuse et envieuse, craches ton venin sur ceux qui n'en n'ont pas fait autant ? »

La tante, qui était déjà très remontée, s'est mise à pousser les hauts cris et s'est élancée vers notre yourte sans arrêter de hurler : « Votre Torlaa, votre fille m'a insultée ! Je vais vous dénoncer au tribunal, vous dénoncer ! Aaah !

* dshelbege : personnage de légende qui dévore tout sans être jamais rassasié

Ihii-ih ! » Mais là-dessus, presque arrivée à la yourte, elle a fait demi-tour tout en continuant pourtant à piailler. Mon frère Galkaan a dit à ma sœur : « Prends garde, maman va te rosser et papa peut-être aussi ! » Il y avait de la pitié dans sa voix. Mais Torlaa a fulminé : « Qu'ils le fassent ! Même mourante, je dirai ce que j'estime juste ! »

La tante a paru se calmer après avoir fait le tour de l'enclos en courant. Ma sœur s'en est sortie indemne, on s'est contenté de lui rappeler qu'« il n'appartient pas à un enfant de se disputer avec les adultes ! »

Les tantes, qui venaient chez nous plusieurs fois par jour pour boire du thé en bavardant avec maman, ont cessé de franchir notre seuil. Elles n'en étaient que plus souvent ensemble, tantôt chez l'une, tantôt chez l'autre à boire le thé en riant à gorge déployée. Et les oncles, quand ils n'étaient pas en train de dormir, se glissaient dans la yourte pour prendre part au thé et à la conversation. Si nous entrions là où ils étaient réunis, nous voyions bien qu'ils parlaient d'autre chose, ou qu'ils faisaient en sorte qu'on ne les comprenne pas. Mais nous comprenions beaucoup de choses. L'équivalent se déroulait pendant ce temps-là dans notre yourte. Ma mère faisait la conversation et grand-mère lui donnait la réplique.

Maman traitait les gens de la famille de sots qui n'avaient plus la tête sur les épaules. Grand-mère, à ces paroles, hochait elle-même la tête, parlait du temps qui passe et de maladies qui guérissent.

Mon père n'avait pas le loisir d'écouter leurs propos. Mais s'il lui arrivait d'en saisir des bribes, il se contentait de faire une remarque ironique comme : « Sans bétail, sans viande et sans lait, de quoi vont se nourrir ces purultares ? De bavardages, sans doute ? »

Purultares – c'était l'un des mots à la mode qu'utilisaient depuis peu oncle Sargaj et oncle Sama. C'est ainsi qu'ils se qualifiaient eux-mêmes et cela signifiait prolétaires. Mais voilà qu'on a dit qu'oncle Sargaj allait s'installer dans le centre du *somon*. C'était à cause des enfants qui partaient à l'école. Sambyy, qui avait passé la première année scolaire à l'internat, s'était langui de la maison et avait dit qu'il ne marcherait cette fois-ci qu'à condition que ses parents l'accompagnent dans le centre. Quant à Gökbasch, elle se laisserait peut-être convaincre malgré tout si leur yourte était à côté et qu'elle savait pouvoir y aller aussi souvent qu'elle le voudrait. Un matin, oncle Sargaj a ramené quatre chameaux qu'il avait empruntés aux Kazakhs contre une agnelle, et on y a chargé la yourte. Tante Buja et Munzuk, le plus jeune des enfants, sont montés sur le cheval blanc habitué à rester sellé du matin au soir. Tous les autres marchaient à pied derrière les chameaux et leur chargement.

Ils ont laissé le bétail à oncle Sama. « Mais c'est de la folie. Ils vont boire du thé sans lait dès les chaleurs de l'automne ! Demande-leur s'ils ne veulent pas prendre au moins le cheval noir et le monter ? » a dit ma mère à mon père. Mais lui a eu un rire moqueur : « Que ceux qui ont soif de pauvreté s'en désaltèrent ! »

Jusqu'alors, les familles qui s'en allaient conviaient la veille celles qui restaient à boire un thé et, le dernier jour, on leur rendait l'invitation au plus tard pour le thé du matin.

Avec oncle Sargaj, il n'en a rien été. « Drôle d'époque », a dit grand-mère.

Peu après, on a raconté qu'oncle Sama et tante Galdarak allaient eux aussi s'établir au *somon*. Oui, c'était l'expression qu'on employait alors et aux oreilles de beaucoup, cela semblait aussi progressiste que plus tard « collectiviser les exploitations agricoles » ou encore plus tard « achever la construction du socialisme ». Mais ils ne devaient partir qu'avec la venue de l'hiver, et leurs yourtes étaient toujours là. Quand il a appris la nouvelle, mon père a crié à l'oncle Sama qui prenait un bain de soleil, allongé devant une yourte : « Et que va devenir votre bétail ? »

« Les Kazakhs s'en occuperont contre rétribution », telle a été la réponse. Mon père a ramassé à ses pieds la gamelle du chien et l'a envoyée valser. L'écuelle en bois de tremble a volé par-dessus la *dshele*, par-dessus le tas de cendres, et s'est brisée en deux en tombant. Mon frère Galkaan est allé la rechercher et nous avons vu qu'elle était cassée en son milieu. Papa n'avait pas le temps de la recoller. Il a sauté en selle et fait partir le cheval au trot d'une façon si brusque que, si nous en avions fait autant, nous aurions sûrement reçu une raclée.

Mon père avait effectivement peu de temps ces jours-là. Il fallait se préparer pour l'hiver. Il venait de nettoyer les enclos des Gyschtag et il avait empilé soigneusement les bouses qui serviraient de combustible pour l'hiver. Maintenant, il coupait le foin à Sara Ortuluk. C'était une île où se rejoignaient les deux grands fleuves. Il partait à cheval le matin avant le lever du soleil et rentrait le soir seulement, après son coucher. Un jour, il a emmené mes deux aînés. Ils devaient l'aider à ramasser le foin coupé. Moi, il fallait que je reste à la maison m'occuper des agneaux et des veaux. C'est ce que j'ai fait et je n'ai pas eu le temps de me reposer de toute la journée. Depuis des jours, grand-mère et maman avaient elles aussi du travail par-dessus la tête. Elles cousaient les affaires d'école de mon frère et de ma sœur. Un *lawschak* ouatiné et un *ütschuü** pour chacun. Et tous deux ont eu aussi une *süngük*, parfaitement, la fameuse sacoche, mais en tissu seulement, avec une étoile rouge à cinq branches au milieu, sur le dessus. Toutes les affaires de Torlaa étaient en vert tandis que toutes celles de Galkaan étaient

* ütschuü : long vêtement d'hiver garni de tissu à l'extérieur

en bleu. C'était l'uniforme de l'école à cette époque. Puis on a ressemelé leurs bottes et même changé les patins de feutre.

Les faneurs ne sont revenus qu'à la tombée du jour. Mes aînés, enthousiastes, ont raconté plein de belles choses. Moi, je n'avais rien de neuf à leur dire. La journée sans eux avait été longue. Le lendemain, papa est resté lui aussi à la maison pour battre deux peaux de mouton. Il les a battues jusqu'à ce que les poils aplatis se séparent et se redressent de nouveau comme ceux d'un animal qu'on vient tout juste d'abattre. Puis il les a roulées pour les mettre dans un sac de voyage où les ont rejoint plus tard les deux *tons** en peau, les deux cartables et le linge de rechange.

Car cette journée était la dernière. Il s'est passé des choses que je n'avais encore jamais vues : papa a scié une corne de bouc dont il a fait un peigne pour que ma sœur Torlaa puisse coiffer la tignasse qui lui couvrait la tête et lui retombait sur le front. Puis il a taillé deux bâtonnets dans un morceau d'osier, il les a vidés au milieu avec un fil de fer incandescent pour y couler du plomb bouillant. Il avait fabriqué deux crayons.

Le lendemain matin a été bizarre. Au fur et à mesure que mes aînés enfilaient leurs nouveaux vêtements, j'étais gagné par le sentiment qu'ils cessaient d'être ce qu'ils avaient été pour moi jusqu'à présent. Tous deux se sont finalement retrouvés dans leurs nouvelles affaires, intimidés à en être muets devant les adultes. La famille s'était même réunie de nouveau devant notre yourte pour renifler les enfants qui partaient et les embrasser.

Mon frère et ma sœur sont montés sur le même cheval, Torlaa devant en selle et Galkaan derrière sur le sac renfermant les peaux et le *ton*. Ils étaient là, sans force et

* ton : vêtement pour les saisons froides

sans voix ; c'était l'animal qui allait avoir à suivre le cavalier de tête.

A cheval à leurs côtés, le petit monde a accompagné jusqu'au gué les enfants qui partaient. Mon frère Galkaan qui, pendant tout ce temps avait fixé en silence le dos de ma sœur d'un air embarrassé, a crié tout à coup : « Dshurukuwaa, rentre à la maison ! »

On n'avait pas encore atteint le gué, mais j'ai obéi et me suis arrêté. Les autres enfants ont continué à galoper, ils ne devaient faire demi-tour qu'une fois arrivés au fleuve. Quand ils sont revenus, cela faisait longtemps que j'étais sur le chemin du retour. Ils m'ont rattrapé, je me suis laissé dépasser.

Ce matin-là, la pluie est arrivée des montagnes du Nord. Elle a cinglé les yourtes, les pâturages et le fleuve puis, pressée, s'est bientôt éloignée. Le soleil a brillé tout de suite après, la journée a été chaude et longue. L'automne lui aussi a été chaud et a duré longtemps. Beaucoup de choses se sont passées. Mais moi, j'ai eu l'impression que cet automne chaud et fertile en événements durait pour rien, qu'il était un gaspillage vain.

Adieu

Enfin, l'hiver a été là. Et moi, j'étais bien content parce que notre yourte allait pouvoir se retirer dans sa solitude familière. Peut-être aussi parce que tout le monde voulait depuis peu me convaincre que j'étais déjà un grand garçon et qu'il était temps de montrer si j'étais capable de garder mon troupeau moi-même.

En entendant cela, je me disais que je pouvais bien sûr garder mon troupeau et nourrir ma grand-mère moi-même. Mais il me fallait ma propre yourte ; une grande yourte blanche, avec plein de jolis objets à l'intérieur, un palais !

On m'a confié les *hendshes**. Il n'y avait pas seulement les bêtes nées sur le tard, mais aussi les agneaux qui venaient encore au monde de temps en temps et les bêtes adultes qui, pour diverses raisons, ne pouvaient pas accompagner le grand troupeau dans les pâturages éloignés.

Le matin, quand il avait quitté l'enclos et était déjà hors de vue, je conduisais le mien dans la prairie. Le grand troupeau grimpait vers la crête des montagnes tandis que les *hendshes* descendaient dans les plis à l'abri du vent. Mais il fallait d'abord détacher de la *höne* la moitié des agneaux et des chevreaux et les faire sortir un à un de la yourte pour qu'ils ne causent pas de dégâts en gamba-

* hendshes : derniers-nés des moutons, dont le troupeau est gardé par le plus jeune des enfants

dant ; quant à l'autre moitié, il suffisait de lui ouvrir la porte de la *gükpek**, car les bêtes y dormaient en liberté et pouvaient sortir toutes seules.

La journée d'hiver, qui paraissait courte aux adultes, était longue pour moi, interminablement longue. Au lieu de jouer, il fallait que je mène paître le troupeau, que j'observe le vent et le soleil, les herbes et le comportement des bêtes, de chaque bête. Il fallait aussi que je me méfie des loups et des aigles. S'il en surgissait un, je ne devais pas avoir peur, mais prendre vite le bâton de berger que je portais comme un fusil en travers de mes épaules et le pointer vers lui en cinglant l'air et en criant très fort. La journée d'hiver n'était pas seulement longue. Elle était froide surtout. On avait d'abord le visage et les mains qui gelaient. Curieusement, dans les montagnes, les gens ne portaient pas de gants, on n'en avait pas. En revanche, on avait de longues manches ; elles vous permettaient de saisir les objets tranchants, froids ou brûlants, tout ce qu'on ne pouvait pas prendre à mains nues. Il n'y avait que les jouets, c'est-à-dire les pierres couvertes de givre, qu'il fallait empoigner pour qu'au contact de la peau, elles s'animent et se transforment en êtres humains ou en animaux, en ustensiles ou autres objets.

On avait les mains toutes froides. Mais qu'importait ! On s'était assuré encore une fois qu'on disposait de plein de choses pour vous rendre la vie agréable. Et puis, on avait aussi la pierre chaude qu'on portait dans sa poche de poitrine comme un petit poêle, comme un soleil minuscule, et qu'on pouvait prendre dans sa main gelée pour se réchauffer. La droite qui avait accès à la poche de poitrine se chauffait la première, puis communiquait sa chaleur à la gauche et au visage.

* gükpek : petite hutte en bois pour les jeunes animaux

La pierre avait la taille et la forme d'un crottin de cheval, elle était lisse et violet foncé, on la faisait chauffer le matin sous la cendre chaude. Et elle gardait longtemps la chaleur ; le soir, lorsque je rentrais à la maison et que je la sortais pour la ranger, elle était encore tiède au toucher.

Mon chien Arsylang m'accueillait le matin quand je sortais dans ce monde qui, par rapport à moi, était d'une puissance incommensurable et s'étendait impénétrable sous mes yeux. Le soir, c'était aussi Arsylang qui me ramenait sain et sauf de cet univers de mystères et de dangers jusqu'à la yourte protectrice de mes parents. Le matin, il fallait précéder le troupeau, et le soir le suivre. C'était la première règle à respecter par tous, afin de prendre sur soi le danger qui guettait le bétail. Mais Arsylang veillait sur moi : le matin, il marchait devant moi et le soir derrière moi.

Il s'asseyait près de moi pour me regarder jouer. Je voulais qu'il joue avec moi, mais aussi intelligent fût-il, il ne comprenait pas pourquoi il fallait tenir les moutons et les chèvres à l'écart des yaks et des chevaux, ni pourquoi la yourte devait être ronde, avec le poêle au milieu. Et je lui en faisais de temps en temps le reproche, je lui donnais aussi parfois une bourrade dans le cou, mais quand je croyais voir dans ses yeux marron tirant sur le vert comme un soupçon de culpabilité ou de désarroi, je le consolais. J'arrêtais de jouer tout seul pour me lancer avec lui dans des jeux à sa portée : nous sautions et nous courions, luttions et roulions dans la neige, et c'était toujours moi qui me fatiguais le premier. Alors nous laissions tomber ce jeu-là aussi pour nous occuper du troupeau. Arsylang était habile, c'était l'intelligence même. Il enseignait au troupeau à avancer. Parfois, il punissait un chevreau qui, au lieu de manger, était grimpé sur des rochers ou s'était permis quelque autre bêtise. Les punitions étaient variées, la plus légère consistant à lui faire un peu peur, la plus sévère à lui donner la chasse jusqu'à ce que l'indiscipliné s'effondre. Mais le chien n'infligeait ce genre de punition que sur ma volonté expresse, et je peux jurer que les dents d'Arsylang ne se sont jamais enfoncées dans la chair d'une seule bête du troupeau. Les jours ensoleillés et sans vent, nous montions jusqu'à Doora Hara. De là, on voyait tout comme sur la paume d'une main : les grands fleuves, pris dans la glace et la neige, qui scintillaient par endroits, les *aïls* de ce côté de la rive de l'Ak Hem ; Tewe-Mojun, le cou de chameau, Saryg-Höl, le lac jaune, tous deux œuvres du géant Sardakpan ; les six camps des Kazakhs, situés à intervalles réguliers le long de la rive gauche du Homdu, qui fumaient presque sans arrêt ; et derrière l'Ak Hem, à droite du Homdu, le centre du *somon* de l'Ak Hem, celui des Kazakhs ; les halliers qui commençaient près de Dshedi-Gehig et suivaient le Homdu pour disparaître dans la gorge entre les deux crêtes des montagnes d'Ortaa-Syn et de Borgasun ; le centre du *somon* de Sengil, celui des Touvas, avec les montagnes derrière, Harlyg Haarakan surtout, le grand sommet bleu et blanc tout enneigé.

Je suis allé à peine dans la moitié de ces lieux, mais je les connaissais tous par leurs noms et savais avec une assez grande précision qui habitait où et où se trouvait quoi. C'était parce que grand-mère avait une bonne mémoire et, contrairement à maman, la patience de répondre à chacune de mes questions.

C'est le *somon* (j'entends toujours par là le centre du *somon* des Touvas) qui me tenait le plus à cœur. C'est lui que je cherchais des yeux le plus longtemps et le plus souvent. J'étais capable de repérer et de distinguer les maisons une à une, et je croyais même pouvoir dénombrer les yourtes qui se trouvaient à leurs abords comme un troupeau éparpillé. Elles se découpaient sur la steppe brune et scintillaient jusqu'à moi. Je voyais parfois passer une voiture. Elle laissait derrière elle une traînée de poussière blanche qui grandissait souvent jusqu'à former un nuage. Mais il arrivait que la traînée tourne court, gonfle et se transforme en un voile brumeux de plus en plus large et pâle, tant et si bien qu'on ne voyait plus rien. A cette époque, je connaissais ce que je viens d'appeler une voiture sous le nom de *schietscheeng**.

J'observais sans comprendre, mais avec une vive curiosité, ce qui se passait au-delà des deux fleuves et de la steppe. J'attirais aussi l'attention d'Arsylang. Il regardait, dressait les oreilles et grondait quand une voiture passait. Pendant tout ce temps, je pensais bien sûr à mes aînés et je parlais d'eux avec mon compagnon à quatre pattes : en entendant leurs noms, Arsylang s'agitait et gémissait. Sa plainte se transformait parfois en hurlements, mais j'intervenais vite pour l'arrêter ; je lui disais qu'il ne fallait ni hurler ni pleurer, sinon cela pourrait nuire à mon frère et à ma sœur. Arsylang obéissait et se taisait en me regardant de ses yeux soumis qui quémandaient mon aide. Une fois seulement, je ne suis pas intervenu : j'en étais bien incapable, car je ne pouvais retenir mes propres larmes. Là-dessus Arsylang s'est mis à hurler sourdement, si bien que j'ai continué de plus belle à verser des torrents de larmes et à sangloter. Comme si souvent au cours de ces journées-là, je me suis demandé pourquoi mes aînés avaient dû quitter la maison et, pour la première fois, je me suis senti blessé que mon père en eût décidé ainsi. C'était un homme qui vénérait son propre père comme un dieu. Son père était un *baj*, et même pour certains un *koulak***. Mais ce n'est pas comme cela que papa s'exprimait quand il voulait

* schietscheeng : voiture

** koulak : c'est ainsi que l'on appelait les gros fermiers en Union Soviétique et, en Mongolie, les éleveurs aisés l'appeler autrement que son père : il disait que c'était un homme qui avait le bétail dans le sang. Et on pouvait dire la même chose de lui.

Qu'est-ce qui avait bien pu pousser mon père, lui qui avait le bétail dans le sang, à séparer ses propres enfants de leurs bêtes, racines sûres de leur existence, au moment même où ils avaient atteint l'âge de le décharger d'une tâche ou l'autre, le soulageant de ce fardeau ?

Etait-ce à cause du salaire dont on entendait parler comme d'un « petit-pot-remplis-toi »[1] ? Ou bien était-ce par obéissance au pouvoir censé être celui du peuple, et qui se montrait strict ? Ou bien par confiance en celui-ci ? Ou encore était-ce la clairvoyance de l'*arat*, cet allié naturel de la glorieuse classe ouvrière inexistante au départ ?

Quand je me suis arrêté de pleurer, j'ai eu mauvaise conscience, ainsi que le lendemain matin au réveil : j'avais rêvé et, bien que je ne parvinsse pas à me souvenir des détails, il me semblait que mon rêve avait trait à mes aînés et je sentais en moi comme un poids. J'avais l'impression qu'Arsylang lui-même se déplaçait plus lentement et avec lourdeur. Peut-être mon humeur se communiquait-elle effectivement à lui ?

Quelques jours ont passé avant qu'on ne raconte qu'une grippe s'était déclarée au *somon*. Mes parents en sont devenus muets de frayeur ; les prières, ces monologues adressés aux montagnes, aux cours d'eau ou aux nuages, se sont faites de jour en jour plus longues et plus ferventes ; s'il arrivait qu'elles soient le fruit de l'habitude, une sorte de devoir, elles étaient à présent un besoin. La mauvaise conscience qui s'était éveillée en moi ne me quittait pas, elle me rongeait le cœur et attisait chaque jour davantage le foyer de la douleur.

---

1. Allusion au conte de Grimm : « Petite table, sois mise. »

Je priais les montagnes, les steppes et le ciel de protéger mon frère et ma sœur des chiens méchants et enragés, des maladies surtout, et des mauvaises langues comme des bonnes. C'est en écoutant les prières des adultes que j'apprenais l'existence de ces dangers. Moi cependant, j'avais des choses à demander que je n'avais pas entendues ailleurs mais qui venaient de mes propres réflexions. Et je priais Eser-Haja, le pignon rocheux, pour que mes aînés reviennent non seulement sains et saufs, mais ramènent en plus des sucreries. A la gorge en dessous du campement, au fleuve qui s'y faufilait et qui, pris dans la glace, semblait à présent au repos, je demandais de me préserver de l'école, de me laisser vivre près de ma grand-mère et de notre troupeau à tous deux. Comme les parois de cette gorge étaient plus que toutes autres à pic et que le fleuve réunissait ici les eaux de toutes les rivières, je ne doutais pas de leur toute puissance.

J'avais d'autres souhaits encore, mes désirs étaient insatiables et mes prières sans limite. Arsylang restait assis patiemment près de moi, j'avais l'impression qu'il m'écoutait et me comprenait quand, les bras tendus et la tête droite, je prenais la pose d'un héros d'épopée pour les déclamer de ma claire voix d'enfant.

J'ai demandé à Harlyg Haarakan un troupeau de mille bêtes. Rien que des moutons à la tête noire et aux oreilles courtes, mille exactement !

« Mille moutons, tu sais combien ça fait ? ai-je demandé ensuite à Arsylang. Autant de doigts qu'en ont cent personnes réunies ! » Arsylang a penché la tête en me regardant attentivement. « Cent aussi, c'est un gros chiffre, ai-je dit à mon compagnon. Où allons-nous trouver tous ces gens ? » Arsylang a senti que je l'interrogeais, mais il n'était pas capable de comprendre la question et encore moins d'y répondre. Il avait le regard troublé. « Ce n'est pas grave, ai-je dit pour le consoler tout en poursuivant : maintenant, en hiver, on ne peut pas réunir autant de monde. Mais en été, si ! Il y a beaucoup de gens qui se rassemblent matin et soir à la laiterie pour venir apporter le lait. Et s'il n'y en a pas encore cent, on pourra envoyer quelqu'un d'*aïl* en *aïl* pour dire à tous ceux qui s'y trouvent d'accourir à la laiterie. Ils voudront savoir s'il y a une réunion. »

Les gens n'aiment pas beaucoup les réunions. Ce qu'ils aiment, ce sont les fêtes. Mais pourquoi à la laiterie ? Avant de se hâter vers l'*aïl* suivant, le messager leur crierait : « Le fils cadet de Schynykbaj, Dshurugwaa avec son chien Arsylang, a l'intention de posséder un troupeau de mille moutons, mais il veut savoir avant ce que mille représente : il veut compter vos doigts, jusqu'à mille ! »

J'ai cru voir Arsylang sourire. C'est vrai que ce serait drôle, tous ces gens et leurs doigts ! Amyj, que nos parents appelaient *aga** et nous *eshej***, s'écrirait : « Mon Dieu ! Ça, c'est quelque chose ! Si petit, et il sait déjà compter jusqu'à mille ! » Tante Tuudang, sa femme, lui répondrait : « Comment en serait-il autrement ? C'est le fils de Schynykbaj et le petit-fils de Hylbang. » Ils pourraient dire autre chose, l'important était qu'ils soient là, chacun présentant ses dix doigts. Et ce n'était pas si simple avec tout le monde. Il fallait faire attention à deux personnes, Gokasch et Dupaj : si Gokasch était là, cela faisait mille un ; si c'était Dupaj, cela faisait neuf cent quatre-vingt-dix-neuf ; mais si tous deux étaient là ensemble, cela faisait exactement mille doigts. Car Gokasch avait six doigts à la main gauche et Dupaj seulement quatre à la main droite. On disait que le premier était né ainsi et que le second avait eu l'index arraché en lançant le lasso.

Tous les autres avaient dix doigts en tout. C'est grand-mère qui l'avait dit. Et maintenant je le savais moi aussi.

* aga : frère, oncle, mot employé pour s'adresser à une personne d'âge mûr et de sexe masculin

** eshej : grand-père

Mille doigts réunis, cela ne se sera jamais vu. Etais-je le premier à avoir eu l'idée d'une chose que personne n'avait encore imaginée ? Peut-être ! Raison de plus pour ne reculer devant aucun effort en vue de réunir ces mille doigts. Il y en aurait des petits et des grands, des propres et des sales. Certains aux ongles coupés, d'autres avec des griffes. Papa ne supportant pas les ongles sales, je ne pourrais pas compter sur son aide.

Si besoin était, on pourrait prendre aussi les orteils, on les appelle bien des doigts de pied. En ce cas, on n'aurait pas besoin de cent personnes, cinquante suffiraient. Mais seraient-elles toutes d'accord pour ôter leurs bottes ? Les femmes, surtout si leur *beg* était dans l'assistance, préféreraient mourir plutôt que de laisser voir un bout de leur peau nue en découvrant leurs jambes ! Mais d'autres encore essaieraient de garder leurs bottes pour éviter de me montrer leurs orteils le temps que je les compte. Tante Aewildek s'écrierait : « Laisse donc, fils. J'ai les pieds sales ! » Oncle Dar, bien qu'il ait l'habitude de marcher pieds nus du début de l'été à la fin de l'automne, préférerait les cacher sous un bout de son *lawschak* plutôt que de me les laisser compter, il grommellerait : « Mes pieds ne regardent pas les autres ! » Et maman ajouterait : « Laisse-le donc aussi ! » Car il avait les pieds poilus jusque sur les orteils et elle éprouvait le même dégoût pour les pieds poilus que pour les souris et les araignées. Mais moi je répondrais que tout ce qu'il me fallait, c'était son nombre d'orteils, le reste n'allait pas me monter au nez, comme aimait dire tante Galdarak. Peu m'importait comment ils étaient et où ils allaient.

Mille ! O chiffre imposant ! Car à partir de mille têtes de bétail, on était considéré comme un *baj*. Grand-père l'avait été. Mais pas mon père. Ni Staline, bien qu'il soit quelqu'un de puissant. « Le temps des bajs est fini, disait papa, on aura beau s'échiner, on n'arrivera jamais plus aux mille ! »

Pourquoi disait-il cela ? Et pourquoi envoyait-il mes aînés à l'école ?

J'avais bien des rêves. Parmi eux la yourte que ma grand-mère et moi habiterions, et le troupeau qui nous nourrirait.

Mais ce n'était pas tout. Il y avait d'abord aussi un fusil de chasse, un comme celui d'oncle Sargaj, où l'on pouvait mettre cinq cartouches qu'on tirait coup sur coup, et qui touchait toujours sa cible avec une détonation sonore. Et puis une pipe pour le tabac comme celle du fils de Galdar-Eewi. Un jour, on m'a permis de fumer du vrai tabac dans une vraie pipe, c'était bien autre chose que les crottes de lapin que nous fumions dehors dans des pipes que nous fabriquions avec une omoplate de mouton : une seule bouffée, et ma tête s'est déjà mise à tourner ! Alors je me le suis promis : une fois grand, tu auras une pipe comme ça. Plus on grandissait, plus le nombre de choses à posséder semblait grandir lui aussi.

Quant à la yourte dans laquelle grand-mère et moi vivrions, il fallait qu'elle soit vaste et claire. Mieux encore, qu'il y ait dedans non seulement les deux coffres qui font toujours partie d'une yourte qui se respecte, mais aussi la valise et le miroir de la yourte de tante Galdarak. Cependant, l'essentiel était que le bétail soit nombreux, plutôt mille et une têtes que neuf cent quatre-vingt-dix-neuf. Même si je n'avais pas l'intention de devenir un *baj*.

Ou bien le fallait-il ? La question s'adressait à Arsylang. Il a paru réfléchir puis acquiescer tout à coup. Il me plaisait d'être ce que d'autres ne pouvaient être. Si je devenais un *baj* parmi les hommes, Arsylang pourrait en devenir un parmi les chiens. Je lui ai demandé s'il le serait. Il a remué la queue. Mais papa avait dit... et, quand il disait quelque chose, ce ne pouvait qu'être juste. Pourtant on parlait tout le temps de *bajs* ? Alors pourquoi avait-il dit cela ?

Arsylang a aboyé. J'ai suivi son regard levé et j'ai aperçu le danger. C'était un aigle, il tournait au-dessus du troupeau, lentement, les ailes immobiles. Nous nous sommes rapprochés des petits agneaux et des chevreaux nés d'une deuxième portée qui cherchaient, innocents, des brins d'herbe.

« Fais attention, Arsylang ! » lui ai-je dit en tenant le bâton sous mon bras comme un fusil. L'aigle décrivait des cercles au-dessus de nous tout en se rapprochant de plus en plus, il glissait comme inanimé sur son orbite invisible et remontait pourtant en entendant mes cris et les aboiements d'Arsylang. Puis il a paru se lasser de ce jeu stérile, il nous a laissés et a disparu.

C'est ainsi que nous veillions sur le troupeau tandis que maman et grand-mère, restées à la maison, veillaient sur nous. Ma mère luttait de vitesse avec le soleil, elle entrait et sortait, s'accroupissait puis sautait sur ses pieds, marchait et courait, elle nous cherchait régulièrement des yeux, nous repérait et informait grand-mère qui jaugeait la situation et émettait un avis.

Arrivé à la maison, j'ai fait comme tous les bergers le récit détaillé de ce qui s'était passé au cours de la journée. J'ai raconté fidèlement ce que j'avais vu et observé, tout en me permettant parfois d'exagérer un peu. J'ai dit que l'aigle nous avait attaqués et que nous l'avions repoussé. Moins pour qu'on me félicite, moi, qu'Arsylang. On nous a félicités tous les deux. Puis on m'a dit d'aller jouer. Mais cela ne me disait rien. J'avais encore les félicitations à l'oreille, et cela me poussait à l'action. J'ai donc préféré débarrasser mes *hendshes* de leurs tiques. Je leur ai tâté le cou en écrasant les parasites quand j'en trouvais. Les tiques s'attaquaient la plupart du temps à l'artère où elles s'incrustaient, elles enfonçaient leur dard dans la peau et se gorgeaient de sang à en devenir grosses comme le doigt et d'un bleu violet. Il ne fallait pas tirer dessus car le froid aurait pu pénétrer dans la plaie ouverte, on les écrasait donc et on les laissait là, la peau en repoussant les chasserait avec le temps.

Les tiques repues étaient plus faciles à écraser et, par ailleurs, elles claquaient. Plus le claquement était sonore, plus les félicitations étaient chaudes. Parfois, quand je tombais sur des tiques particulièrement nombreuses, ou pas encore gavées, papa venait à mon secours.

Comme c'était bon de se laver les mains après. C'était l'heure où l'on retirait un à un du bouillon les morceaux de viande dont l'odeur vous avait tenu les sens en éveil toute la soirée, on les posait dans le plat l'un à côté de l'autre, puis l'un sur l'autre, jusqu'à ce que se forme un tas tellement fumant qu'il masquait quasiment la lumière et que, pour un instant, il faisait presque sombre dans la yourte. On me disait alors de me laver les mains et de venir. Mais moi je montrais avec fierté mes doigts tachés de sang en disant : « Je ne peux pas prendre le broc ! » Grand-mère arrivait : « Je vais te verser de l'eau sur les mains. » Avec nonchalance, je les tendais sous la décoction de genévrier tiède qui sortait du bec du broc, scintillante et glougloutante, et je les lavais à fond, doigt après doigt, remontant jusqu'au dos de la main, au poignet, et au-delà ; j'écoutais le glouglou et le clapotis de l'eau, m'efforçais d'en rajouter, l'idéal étant d'obtenir le bruit que faisait mon père en se lavant lui-même les mains. Et, pendant tout ce temps, j'avais l'agréable avant-goût de la condition d'adulte.

Ce soir-là, comme toujours, grand-mère était assise derrière le poêle et s'occupait du feu, mon père était tout près de la lampe à huile, à un demi-pas de sa place habituelle, penché sur un reste de peau de yak brute où il découpait des lanières. Ma mère cousait tout près aussi de la lampe, penchée sur une toque en renard. L'extérieur était en soie bleue et l'intérieur en satin rouge brun.

Il y avait encore un peu de lumière qui tombait sur le côté droit de la yourte où était déjà installée la couche de grand-mère au pied de laquelle se trouvait un grand panier qui, actuellement, ne contenait pas de crottin mais quelques agneaux précoces. A la limite de la lumière, je m'activais : je m'occupais des tiques d'un agneau de l'année précédente. Mais mes pensées n'étaient ni à l'agneau ni à ses tiques. Elles couraient après le grand troupeau qui existerait un jour, et je m'interrogeais. Je voulais y voir clair.

« Grand-mère, est-ce que notre troupeau va s'agrandir ? »

« Mais bien sûr », m'a répondu la voix douce et mélodieuse de grand-mère.

« Il pourrait devenir grand comment ? »

« Mon père avait coutume de dire qu'un seul agneau peut donner un troupeau de mille têtes. »

« Et quand j'en aurai mille, je serai un baj ? »

Grand-mère a hésité à répondre. Elle se doutait de là où je voulais en venir. Mes parents se taisaient eux aussi, tous deux étaient très concentrés sur leur travail et peu bavards ce soir-là.

J'ai attendu un moment avant de perdre patience. J'ai dit : « Moi, je serai un baj ! »

« Baj signifie tout simplement riche. Tous ceux qui travaillent sans rechigner à la peine peuvent vivre dans la richesse. »

C'étaient les paroles de grand-mère, mon père a acquiescé.

« Non, grand-mère ! Non, papa ! Je ne veux pas vivre dans la richesse. Je veux devenir un vrai baj ! Comme notre grand-père ! »

Mon père a marqué un temps d'arrêt. Je l'ai vu. Pourtant c'est grand-mère qui m'a encore répondu : « Ton grand-père était un homme remarquable. Heureux celui qui peut devenir comme lui. Mais on ne dit plus un baj, on dit un excellent éleveur. »

C'était donc cela ! Je ne deviendrai pas un *baj*, je deviendrai un excellent éleveur ! J'étais déçu. Mais au moins, j'étais apaisé de savoir à quoi m'en tenir.

« Je vais devenir un excellent éleveur, et toi un excellent chien ! » ai-je dit le lendemain à Arsylang lorsque nous sommes retournés au pâturage. Et j'ai ajouté : « Bah, qu'est-ce qu'on peut faire ? C'est le cours des choses ! » Les gens de l'Altaï connaissaient cette expression qui allait devenir une litanie des temps de la démocratie populaire. Elle remontait sûrement à une époque plus ancienne. A celle des esclaves peut-être, ou même à l'âge de pierre. Bien des choses ne sont plus, mais certaines demeurent.

Lors du premier abattage, mon père a emporté de la nourriture au *somon*. Quatre *üüsche*. C'était une avance, pourtant mon frère et ma sœur ne pourraient pas les manger tout seuls. Ce qui resterait était sans doute pour les gens chez qui ils étaient logés. Cela pesait lourd sur le dos du cheval. D'autant qu'il n'y avait pas que les *üüsche*, mais aussi du beurre blanc et jaune dans des panses de mouton et des vessies de yak, du lait de yak congelé en morceaux ronds comme une marmite. Le cheval, Scholak Dorug, s'est éloigné d'un pas chancelant.

Mon père n'est rentré que le soir. Il rapportait des sucreries. Elles venaient de mes aînés qui apprenaient très bien tous les deux et qu'on avait récompensés à la fin du premier trimestre. Il y avait des morceaux de sucre, blancs comme un glacier, tous les deux plus gros que mes poings, et trois bonbons enveloppés dans du papier bleu rayé. L'un d'eux était plus mince et plus clair que les autres, et mon frère Galkaan m'a avoué par la suite qu'il l'avait sucé. C'étaient les tout premiers bonbons que je voyais. Les sucreries étaient enveloppées dans un tissu blanc qui était lui aussi une récompense, il s'y dessinait plein de carrés en creux, comme dans un morceau de panse de mouton, plus tard j'ai appris qu'on l'appelait serviette et, plus tard encore, j'en ai reçu un en récompense moi aussi. Papa a déplié le tissu et, avec le dos de son poignard, il a tapé légèrement sur l'un des morceaux qui s'est cassé en deux. A chaque nouveau coup, le morceau se brisait. Les adultes ne voulaient que goûter et se sont finalement contentés des miettes. Mais ils m'ont dit d'en manger autant que je pouvais. Pourtant, je n'ai pris que quelques petits bouts brisés. J'aurais sûrement pu manger plus, et même tout, mais je ne voulais pas qu'il n'y ait plus de sucreries ; je préférais les voir et les toucher, les sentir et les sucer à chaque fois que j'en avais envie. Le matin, avant de quitter la yourte, je dépliais le tissu pour regarder son contenu, souvent je me contentais de le voir et de le sentir ; parfois, j'en suçais un morceau, me pénétrant de son goût sucré, mais je me ressaisissais et rangeais le paquet.

On disait que le deuxième trimestre touchait à sa fin et que mes aînés allaient rentrer. Je comptais les jours, mais moins il en restait, plus cela semblait long. Arsylang était déjà au courant, j'en étais sûr. Il était gagné par mon impatience. Ce qui n'avait rien d'étonnant car, jour après jour, mes propos tournaient autour de mes aînés et à chaque fois qu'il entendait leurs noms, il était tout excité. Nous vivions dans l'attente, tout à la joie des retrouvailles, c'est-à-dire aussi à la torture.

Le jour est enfin venu. Mon père a sellé deux chevaux ; conduisant l'un à la main, il montait l'autre. Il était tôt, le soleil venait de se lever. Je regardais le cheval à la selle vide, bouleversé à l'idée qu'il allait me ramener mes deux aînés avant le coucher du soleil. Et je me suis promis, s'il me ramenait effectivement mon frère et ma sœur, de respecter comme un frère ce cheval hongre, brun, à la queue courte, qui s'appelait Scholak Dorug. Par la suite, j'ai tenu parole dans la mesure où je ne l'ai pas humilié, même quand il me fallait le faire souffler et suer ; j'ai toujours gardé mon respect pour lui, et il a dû sentir mon attachement. Lui aussi a toujours été irréprochable vis-à-vis de moi et j'ai pu me fier à lui pour me servir. Lorsque nous nous sommes vus pour la dernière fois, il était au milieu du grand troupeau, reposé et bien nourri, et le soleil estival se reflétait dans sa crinière. C'était le soleil de notre dix-huitième été à tous deux – nous avions le même âge. Je n'étais, comme on disait, qu'au commencement du chemin, alors que pour lui il touchait déjà à sa fin, et il a passé ce dernier été à profiter des vacances de sa vie : au début du printemps, on l'avait dessellé pour toujours. Je savais que nous n'allions plus nous revoir et j'étais reconnaissant aux hommes d'avoir instauré cette coutume de rendre un dernier hommage aux vieux animaux qui ont fait leur temps. Il m'a semblé que le cheval hongre se doutait de ce qui l'attendait, son regard semblait briller de chagrin et de reconnaissance.

Cette journée a été l'une des plus longues de ma vie. L'une des plus dures, mais aussi des plus belles. Arsylang et moi sommes restés près de notre troupeau jusqu'à ce que mon père rentre et que Scholak Dorug ramène mes deux aînés sur son dos en cheminant sur Doora Hara, la crête de la montagne qui, posée là en travers, à deux ou trois coups de fusil en dessous du campement, semblait noire – d'où son nom.

Avec le grand troupeau, ma mère a longé la crête de la montagne de l'autre côté du campement, loin au-dessus de nous : sur la paroi rocheuse de Gysyl Dshagyr qui formait un demi-cercle à pic.

Elle aussi guettait, cela se voyait, car on l'apercevait régulièrement avec un bout du troupeau, malgré le vent qui devait souffler là-haut.

Grand-mère aussi guettait, elle sortait tout le temps de la yourte et s'arrêtait à la porte. Nous la voyions mais elle, avec ses yeux de vieille, ne pouvait pas nous voir, je le savais. Et je criais : « E-he-he-ne-hej, nous sommes là ! » Je criais et Arsylang aboyait. Mais elle restait courbée, immobile. Elle ne nous entendait donc pas. Car, ce matin-là, nous avions convenu qu'elle agiterait la queue de yak blanche avec laquelle on faisait d'habitude les poussières, dès qu'elle nous verrait ou nous entendrait. Ainsi, même les oreilles de grand-mère avaient vieilli.

Nous gardions un œil sur papa, nous le suivions. Il rapetissait de plus en plus. Il disparaissait parfois de notre vue, puis resurgissait encore plus petit qu'avant, irréel – comme l'émanation d'un mirage. Pour m'assurer que ce que je croyais voir était effectivement mon père, il me suffisait de jeter un coup d'œil oblique à Arsylang. Dans son regard, tout était aussi clair que dans un livre. Derrière le quatrième des sept campements kazakhs, il a de nouveau disparu pour ne plus resurgir. Nous avons suivi de fausses pistes, découvrant et suivant des mouvements qui s'avéraient à chaque fois n'être pas les siens. Très tard seulement, alors que les ombres des montagnes, depuis longtemps levées, grandissaient à vue d'œil, nous sommes tombés juste et nous l'avons retrouvé où nous l'avions perdu. C'est Arsylang qui a tressailli le premier en remuant la queue autant de plaisir que de peine. Et j'ai vu la tache gris sombre qui se détachait sur la steppe brun clair. Elle a grandi, s'est rapprochée. Il n'y avait pas de doute, c'étaient les nôtres ! Sur la glace du grand fleuve, non seulement j'ai distingué l'un de l'autre les deux chevaux qui avaient jusqu'ici formé une seule silhouette sombre, mais leurs cavaliers qui marchaient devant. Ils ont traversé le fleuve avant de remonter à cheval. Les deux silhouettes sombres ont grandi tout à coup. Nous avons fait une ronde si endiablée que maman a dû nous voir :

elle a disparu avec le bout du troupeau pour regagner l'*aïl.* Je savais qu'il lui faudrait du temps avant d'atteindre le col un peu moins à pic situé sur le versant nord de la crête et de redescendre. Quant à notre troupeau, cela faisait déjà longtemps qu'il était sur le chemin du retour ; toute la journée, nous l'avions forcé à rester sur la croupe venteuse, et les agneaux de l'année chahutaient depuis un moment tout en cherchant protection auprès de ceux de l'année précédente qui eux-mêmes, les pattes rentrées, tournaient la tête vers l'*aïl* sans chercher à brouter de brins d'herbe. Ils avaient froid. Pendant qu'Arsylang et moi suivions ce qui se passait au milieu de la steppe, derrière les fleuves, ils nous ont laissés tomber pour rentrer. Mais de la hauteur où nous étions, nous pouvions les voir comme sur la paume d'une main ; ils ont atteint le versant abrité au-dessous de l'Eser-Haja et se sont arrêtés. Les cavaliers avaient maintenant dépassé la vallée de l'Ak Hem et grimpaient déjà le contrefort des Montagnes Noires. Nous ne tenions pas en place ; qu'entreprendre pour qu'ils aillent plus vite ? Ils avançaient bien trop lentement, pourtant je savais que les chevaux ne pouvaient marcher qu'au pas, gagnant péniblement chaque once de terrain. Je n'arrêtais pas de sautiller tout en cherchant à persuader Arsylang d'aimer et de vénérer toujours notre père, Gök Deeri, et notre mère Hara Dsher, qui avaient pris mes deux aînés sous leur protection pour les ramener à nous. Arsylang remuait la queue, aboyait et bondissait avec moi, tout son corps tremblait et dans son œil brillait la flamme claire de la joie. S'il avait pu, il aurait couru depuis longtemps à la rencontre des arrivants. Mais il ne me quitterait pas, il ne me laisserait jamais seul sur la croupe solitaire de la montagne, je le savais.

Entre-temps, il était manifeste que les chevaux étaient soumis à rude épreuve. Ils peinaient pour avancer sur les rochers, le cou tendu, en se suivant à quelque distance sur le sentier. Leur robe sombre se détachait sur le givre étincelant, leur corps fumait et la vapeur de leur souffle formait des nuages moutonnants qui montaient rapidement dans le ciel où ils s'étalaient avant de se disperser dans un voile gris. J'ai cru voir un sourire sur le visage de mon père qui chevauchait devant, il n'avait pas seulement l'air puissant comme toujours, mais extrêmement distingué, oui il était beau. J'ai cru discerner aussi un sourire sur le visage de mes aînés. Celui de Torlaa, assise devant sur la selle, était étrangement clair et mince. Celui de Galkaan, que j'ai vu dépasser deux ou trois fois pour jeter un coup d'œil derrière le dos de notre sœur, rayonnait de cette pâleur qu'on qualifiait de papier mâché à l'époque dans les montagnes. En dehors de chez nous, les gens l'appelaient de toute façon déjà le Blanc et ma sœur la Rouge, sans doute à cause de ses joues vermeilles, tandis que moi j'étais le Noir pour des raisons que je ne m'expliquais pas.

On disait que mon frère Galkaan ressemblait par sa carnation à notre père qui, avec son teint clair, son nez busqué, ses cheveux bruns et ses yeux ronds marron clair, était un spécimen parmi les Touvas car, comme j'ai pu le constater plus tard, il avait des traits eurasiatiques.

A présent, ils se rapprochaient tant que leurs visages se précisaient et que je pouvais effectivement voir leur sourire. Or tout à coup j'ai eu peur ; je ne savais pas de quoi, ni d'où venait ce sentiment, pourtant je le sentais si nettement en moi que je serais parti en courant si je m'étais écouté. Mais comment ? Et où courir ? Alors, je suis resté là où j'étais. Plus de bonds, plus de cris de joie, j'étais comme figé et ne parvenais plus qu'à murmurer à Arsylang : « Tiens-toi tranquille, s'il te plaît... surtout tiens-toi tranquille ! » On les entendait arriver ; il m'a semblé que c'est au moment où ils ont fait le dernier pas qu'Arsylang a perdu la retenue qu'il s'était imposée à cause de moi : il a bondi à leur rencontre et a essayé d'atteindre mon frère et ma sœur avec ses pattes de devant, Torlaa a laissé échapper un cri strident. Arsylang glapissait lui aussi en remuant la queue, le corps tendu, les oreilles couchées, suspendu à tous deux, il les flairait et les léchait tantôt ici, tantôt là. Le premier cri de Torlaa a été suivi d'un autre. Papa lui a lancé : « N'aie pas peur ! Il ne te fera rien ! » Mais il a eu beau dire, elle ne s'est pas arrêtée de crier. J'ai entendu aussi la voix de mon frère Galkaan, chez lui ce n'était pas un cri mais plutôt une exclamation de plaisir, comme un salut à l'adresse d'Arsylang. Pourtant lui non plus ne semblait pas supporter les coups de langue du chien, car il a retiré son bras droit qui entourait la taille de ma sœur et l'a tenu en l'air tandis que le gauche ne s'accrochait que plus fermement à elle. J'étais reconnaissant à Arsylang de la pagaille qu'il créait, car elle me mettait à l'abri de l'attention générale qui se serait sinon sûrement reportée sur moi et m'aurait été insupportable. Mais, pendant ce temps, papa était descendu de cheval et s'approchait quand même. Il m'a reniflé le front à l'endroit où dépassaient mes cheveux, puis il a refermé ses mains tièdes sur mes joues glacées en s'écriant : « Et toi, mon cher enfant, tu as sûrement été assez sot pour passer toute la journée ici en haut ! » Je voulais mentir, dire que nous venions d'arriver, mais la langue m'a fait défaut, peut-être à cause du froid pénétrant. Il m'a soulevé d'un coup pour me porter près de mes aînés, il m'a tenu d'abord devant ma sœur, puis devant mon frère, pour qu'ils puissent me renifler. Ils l'ont fait tous les deux, mais brièvement, rien à voir avec les adultes. Cela m'arrangeait, car j'étais au supplice et, tout raidi, j'ai même fermé les yeux en voyant de si près leurs visages. Ce qui ne m'a pas empêché de les renifler d'autant plus : ils dégageaient une odeur étrangère extrêmement agréable, le parfum habituel des *dargas* et des gens chics de l'intérieur du pays.

Puis, Dieu merci, mon père m'a porté jusqu'à son cheval pour m'asseoir sur la selle. Il est monté lui aussi. Je me suis senti enfin soulagé et j'ai pu les observer tous les deux à la dérobée. Ils avaient pâli, minci, et étaient devenus très, très bavards : il parlaient à qui mieux mieux, appelaient par leurs noms les rocs, les versants, les vallons, les défilés, les sentiers, trouvaient tout à son ancienne place et, lorsque nous sommes passés près de notre petit troupeau qui avait maintenant quitté sa cachette à l'abri du vent et pris le chemin du retour, ils ont aussi appelé les agneaux de l'année précédente et leurs mères par leurs noms, des surnoms pour la plupart. Arsylang avait lui-même un comportement curieux : il courait de-ci, de-là en faisant des bonds fous, mais il revenait toujours.

Parfois aussi, il s'approchait du cheval et lui sautait contre le flanc ; avec ses pattes de devant ou son museau, il touchait les genoux de mes aînés et, à chaque fois, on entendait retentir les cris de Torlaa.

Lorsque nous sommes arrivés à la yourte et descendus de cheval, il s'est comporté pour de bon de manière étrange. A peine mon frère Galkaan avait-il mis pied à terre qu'Arsylang s'est précipité pour se rouler par terre près de lui. Il l'a suivi en rasant le sol et en remuant la queue, des flammes dans les yeux, s'est redressé, a grimpé jusqu'à ses épaules avec les pattes de devant, l'a flairé et léché tout en poussant des jappements et des cris plaintifs. Mon frère se défendait, essayait d'écarter les pattes qui, comme deux mains, semblaient vouloir le prendre par le cou. Mais il riait sous cape. Et je lui en étais reconnaissant. Pas seulement pour Arsylang, non : dans les démonstrations de mon compagnon à quatre pattes, de mon frère-à-la-place-de-mon-frère, se cachaient mes propres sentiments. Ah, comme j'aurais aimé moi aussi toucher mon frère et me rouler par terre avec Arsylang ! Seulement le blocage qui avait surgi en moi de façon si brusque et fulgurante, manquant de m'étouffer, n'avait pas disparu complètement, il me fallait attendre encore.

En revanche, je me sentais blessé par ma sœur. J'avais beau être content qu'elle soit rentrée en bonne santé chez nous, dans sa yourte, près de son troupeau, de ses montagnes, j'étais vexé. Ce n'était un sentiment ni profond, ni amer, mais aussi aigu qu'une pointe : pourquoi ne pouvait-elle supporter cette explosion de gaieté, ce salut joyeux qui exprimait ma joie elle-même, celle du troupeau et des montagnes ? Arsylang n'était pas seulement le mieux à même d'exprimer la joie que nous contenions tous et d'accueillir ma sœur pour nous, il en était aussi le plus digne ! Je me sentais offensé et, en pensée, je la traitais d'idiote, même si l'amour que je lui portais était incomparablement plus fort que l'offense. C'est par sa faute que mon père a menacé le chien et s'est baissé pour prendre une pierre. Pourtant, il n'a pas eu besoin de la lui jeter, car le chien s'était déjà enfui et la pierre n'a fait que voler mollement dans sa direction. Arsylang n'a manifestement pas pris très au sérieux la menace ni la pierre qui lui était destinée, car dès que Torlaa est sortie de la yourte, il revenu en douce lui offrir le spectacle de toutes ses grâces canines. Et elle est rentrée encore une fois dans la yourte en poussant des cris d'effroi. Il a fallu que quelqu'un chasse le chien et le tienne à distance pour qu'elle sorte, comme si elle avait été une visiteuse étrangère. Mais seulement le premier jour.

En revoyant mon frère et ma sœur, grand-mère s'est mise à pleurer et s'est grondée aussitôt elle-même. C'était la première fois que je la voyais pleurer. « *Ej, baj Aldajm*, a-t-elle dit, revoilà la yourte pleine ! » Puis elle leur a reniflé la tête, s'est arrêtée,. et l'a caressée plusieurs fois d'une main tremblante avant de les laisser aller.

Plus tard, tous les deux assis près d'elle, ils parlaient de nouveau à qui mieux mieux de l'école et de ce qu'ils avaient vu et entendu.

La jalousie dont je souffrais avant quand mes aînés approchaient grand-mère de trop près semblait guérie ; je ne la sentais plus. Au contraire, j'étais même reconnaissant à tous d'être bons les uns envers les autres. Ma mère est restée muette en revoyant mon frère et ma sœur. Elle avait le regard fixe et brillant. Quand elle a recouvré la parole, elle a prononcé des mots qui ne s'adressaient pas à ses enfants, mais au ciel, aux montagnes et aux fleuves. Quand ma mère a reniflé mes aînés, ils sont restés silencieux, tête baissée. J'ai eu tout d'abord l'impression qu'ils l'évitaient. Mais le premier instant passé, ils ne l'ont plus quittée.

J'avais compté sur de nouvelles sucreries et sur une nouvelle serviette sûrement aussi, bien que l'ancienne fût toujours là avec le reste du sucre, flambant neuve dans le coffre. Et j'ai réalisé que si j'avais compté sur cette nouvelle serviette, c'était en pensant donner l'autre à mes parents pour qu'ils puissent effectivement se sécher le visage et les mains. Mais, provisoirement, ce vœu ne s'est pas réalisé ; non que mes aînés aient moins bien appris à l'école. Au contraire, tous les deux avaient encore une fois terminé le trimestre avec de très bons résultats et ils avaient reçu une nouvelle récompense, mais elle ne s'appelait plus comme cela, on disait maintenant un cadeau, or le Vieux Blanc ne distribuait les cadeaux aux meilleurs élèves que dans la soirée, près du *jolka*. A cause de nous qui l'attendions à l'*aïl*, mon père n'a pas voulu patienter jusqu'au soir et ne rentrer à la maison que dans la nuit. Rien qu'à l'idée qu'ils ne seraient pas rentrés au coucher du soleil, je me suis senti défaillir, et le prestige des cadeaux du Vieux Blanc s'est évanoui. Malgré tout, j'ai demandé par précaution s'ils étaient perdus maintenant.

Non, m'a-t-on dit, les instituteurs les prendraient et les garderaient pour les donner à ceux auxquels ils étaient destinés. C'était bien.

Qui était le Vieux Blanc, ça je le savais, bien sûr. Il venait dans la nuit qui précède *Schagaa**, il soulevait les enfants et vérifiait s'ils avaient tous bien mangés. Ceux qui n'avaient pas mangé assez, il les repoussait, mais ceux qui avaient bien mangé, il les régalait d'autres mets délicieux. Jusqu'à présent, il n'avait repoussé personne chez nous, mais on disait que cela s'était déjà produit ailleurs. Ce qu'était le *jolka*, je l'ignorais. Ni papa, ni même grand-mère ne pouvaient me le dire. Mes aînés parlaient d'une pièce décorée, mais ne savaient pas exactement de quoi il s'agissait. Beaucoup plus tard, j'ai appris que cela venait d'un mot russe qui voulait dire petit sapin. A l'époque, on ne nous avait pas encore interdit le *Schagaa*, notre fête du nouvel an, mais les dispositions étaient déjà prises, et les coutumes étrangères faisaient leur chemin. Ainsi, même dans notre coin, on avait commencé à fêter la Saint-Sylvestre, comme en Russie. Une chance qu'un malin ait traduit du russe en mongol le Petit Père du Gel par le Vieux Blanc.

Je n'étais pas un Vieux Blanc. Mais j'ai quand même régalé mon frère et ma sœur des sucreries qu'ils avaient reçues en récompense et que je n'avais pas encore finies. Ils en ont été presque plus surpris que contents. Torlaa a demandé pourquoi on ne m'avait pas laissé les manger. « C'est de lui-même qu'il ne l'a pas fait, il a été économe », a expliqué ma mère. Se défendait-elle ainsi ? Ou me cherchait-elle une excuse ? « Toi, tu vas devenir un Staline », a dit ma sœur Torlaa, ce qui lui a valu de se faire rappeler à l'ordre. De fait, mon père a blâmé aussi ma mère puis-

* schagaa : poteau de sacrifices en pierre ; nouvel an suivant le calendrier lunaire

qu'elle était à l'origine de cette expression qu'on employait à chaque fois qu'on avait un reproche à me faire. En revanche, mon frère Galkaan m'a félicité sans réserve : « C'est magnifique ! Je n'en serais pas capable ! » C'était une louange précieuse et je lui ai donné le plus gros morceau qu'il a mangé avec grand plaisir. Quelques jours plus tard, il s'est trouvé remplacé : lorsque mon père a raccompagné mes aînés à l'école, il est revenu avec les cadeaux du Vieux Blanc.

Ils n'avaient rien gardé, ils avaient donné pour moi tout le contenu des deux sacs en papier. C'étaient des sucreries et une sorte de biscuit que personne n'avait encore jamais vu. Il avait un léger goût de farine d'orge roussie, il était mou et très sucré. Grand-mère en a dit grand bien tandis que moi j'ai affirmé être incapable d'en manger. C'est donc elle qui a fini le biscuit mou et sucré en bénissant tout haut mes aînés de l'avoir mérité en travaillant bien.

Mon frère et ma sœur sont restés neuf jours à la maison. Je passais la journée avec mon frère et la nuit avec ma sœur. C'était la première fois que je sentais en lui un deuxième père et en elle une deuxième mère. Ils me gâtaient. J'étais de nouveau le cadet. Mais le temps passé avec eux a été bien trop court, comme un rêve dont il a fallu me réveiller encore une fois avant même d'avoir eu conscience d'être de nouveau très heureux. Il a fallu me réveiller pour me voir arracher de nouveau mes aînés. Arsylang était là et je me suis rendu compte alors seulement que j'avais dû le négliger ces derniers jours, ce qui m'a donné mauvaise conscience. Il y avait une sombre tristesse dans ses yeux qui observaient attentivement les chevaux qu'on sellait et les gros sacs qu'on leur fixait, et lorsque mon père y a installé mes deux aînés et que ma mère a aspergé de lait les étriers, Arsylang s'est assis, il a levé le museau vers le ciel et lancé un long cri plaintif.

« *Hara Gishenni oj !* » a dit maman en jetant des regards soucieux autour d'elle. Mon père s'est baissé, a attrapé une pierre et l'a lancée. Arsylang, tout à sa plainte, n'a remarqué la pierre qui volait vers lui qu'à la dernière minute et il a tout juste eu le temps de faire un bond ; la pierre lui a touché le flanc avec un bruit mat, le chien a poussé un cri bref, il est parti d'un pas lourd et chancelant tout en donnant sans arrêt de la voix, on aurait dit les sanglots d'un enfant profondément mortifié.

Grand-mère venait de toucher le genou gauche de Torlaa avec la paume de sa main et s'apprêtait à faire la même chose pour Galkaan ; elle les avait déjà reniflés tous les deux quand ils n'étaient pas encore à cheval. En hochant la tête, elle a dit : « Ah, Schynyk, pourquoi ? Quelle inconséquence de faire hurler et gémir ce pauvre chien au lieu de lui proposer une gorgée de lait ! » Elle a touché le genou de l'enfant, a laissé reposer sa main dessus encore un moment, puis s'est écartée. Arsylang a continué à se traîner plus loin en pleurant, il a trotté jusqu'au rocher où l'on abattait le gros bétail, s'est assis devant, la queue rentrée, en lançant toujours vers le ciel des hurlements qui devenaient maintenant vraiment insupportables. Nous autres humains, grands et petits, restions là sans savoir que faire. Grand-mère a secoué l'inertie générale et m'a dit d'aller chercher le seau à lait dans la yourte. Dans mon dos, je l'ai entendue appeler Arsylang. Quand je suis revenu avec le seau, tout le monde, sauf papa, criait en chœur : « Arsylang, Arsylang, mäh ! » *Mäh*, cela voulait dire : « Viens, prends », c'est ainsi qu'on appelait les chiens touvas, et qu'on les appelle encore. Comme Arsylang ne semblait pas entendre et hurlait de plus belle, on m'a envoyé près de lui avec l'écuelle. Pleine de lait. Arsylang a louché vers moi d'un air méfiant sans s'arrêter de hurler tandis que je m'approchais de lui. Je suis arrivé à sa hauteur, j'ai déposé le lait devant lui et me suis assis à ses côtés. Il a gardé la même pose et hurlé de plus belle.

« Alors ? » a crié maman avec impatience.

« Ça y est ! » lui ai-je répondu.

Mon père, qui pendant tout ce temps avait tripoté pour rien le bord des *tons* de mes aînés, s'est dirigé vers son cheval. Ils se sont mis en route. Ma mère a enfin pu répandre derrière eux le lait qu'elle tenait depuis si longtemps dans la louche. Toujours assis, je me suis retourné à moitié pour voir ce qui se passait là-bas, et j'ai suivi du regard tantôt ceux qui partaient, tantôt ceux qui restaient. Arsylang a continué à hurler, ses cris n'ont pas varié, ils n'ont pas augmenté, par exemple. Tout à coup, j'ai vu une petite perle claire suspendue au bord de son petit œil sombre. Je n'avais pas encore vu Arsylang pleurer, pas plus qu'un autre chien, je ne savais pas que mon Arsylang, qu'un chien, pouvait pleurer comme moi, comme un être humain, comme une jument ou une femelle de yak. La larme est tombée et a disparu dans la neige glacée. Il fallait que je le console. Je me suis rapproché de lui et j'ai enfoncé mes mains gelées dans les poils ébouriffés de son cou. Je l'ai senti trembler violemment et son tremblement s'est communiqué à moi. J'ai été pris du besoin de pleurer et de me révolter contre ce qui se passait dans le monde en dépit de ma volonté. C'était si fort que, malgré mes bonnes résolutions, les larmes ont brouillé mon regard et m'ont empli les yeux. Et j'ai pleuré. Tout en sachant qu'il me faudrait partir un jour, moi aussi. Pourtant, je voulais rester chez moi, dans mes montagnes, je voulais garder le troupeau et devenir berger comme mon père et comme tous ceux qui l'avaient précédé sur notre terre. Je voulais rester près d'Arsylang, moi au moins je n'avais pas le droit de le quitter après tout ce qu'il avait fait pour moi. Et je n'avais pas le droit de quitter grand-mère, je voulais avoir ma propre yourte et y vivre avec elle. Et enfin, je n'avais pas le droit de quitter des yeux mes parents, je voyais bien comme ils avaient besoin de moi, de mon aide et de ma présence, tout simplement, j'étais leur enfant préféré, et je devais m'occuper non seulement de grand-mère, mais de tous deux.

La journée a été dure. Le froid piquant de la nuit précédente s'est maintenu. Le soleil pâle, lointain, minuscule, n'était pas capable d'en venir à bout. Le monde était brillant de gel, on aurait dit qu'il était vide, et je me suis senti abandonné. Arsylang me semblait un compagnon insuffisant, un pis-aller. Et j'avais le sentiment que ma présence ne lui suffisait pas non plus. Le grand troupeau est apparu avant l'heure au bout du chemin qui, de là-haut, depuis la croupe de la montagne au-dessus de l'*aïl*, clair et large comme le bras d'un glacier au milieu des rochers en demi-cercle à l'arête tranchante, paraissait tomber à pic sur l'enclos. Au lieu de me faire plaisir, j'en ai été accablé : tout était-il donc sens dessus dessous sur cette terre froide, vide et brillante de gel ?

Derrière le troupeau qui descendait le versant escarpé, comme s'écoulerait un large fleuve, j'ai aperçu ma mère. Elle semblait petite et ronde, ses mouvements étaient maladroits et lourds, on aurait dit un enfant trop couvert. Un long moment, je n'ai pu détourner d'elle mon regard, bien que cela me fît mal. Et, pendant tout ce temps, l'incompréhension qui m'habitait grandissait et s'intensifiait encore. Mon père n'est revenu que pendant la nuit. Arsylang a annoncé son retour longtemps à l'avance, il a aboyé sans hâte, sans plaisir particulier, en restant couché. Il devait être très tard quand papa est enfin arrivé, pourtant j'étais encore éveillé. Etait-ce seulement à cause de son absence que l'anxiété ne m'avait pas quitté ? Sans doute que non, puisque je ne suis pas devenu plus gai, même pas quand il a sorti ce qu'il avait rapporté pour moi : le cadeau du Vieux Blanc, les sucreries et la serviette. J'ai tenu un instant, comme si c'était un *hadak**, le tissu rêche d'un blanc étincelant, imprégné d'une odeur étrangère, où les sucreries formaient un tas, puis je l'ai mis de côté sans avoir goûté à rien. J'ai regardé papa se pencher sur la marmite et manger. J'ai écouté ce qu'il disait, mais sans arriver à me concentrer, mes pensées n'ont pas tardé à quitter la yourte pour s'élancer dans la steppe et les vallées montagneuses où crissait le froid, étincelait le gel et m'attendait la solitude.

Le lendemain matin, grand-mère a dit : « Tête-Noire a fait son temps ! » Tête-Noire était celui qui restait des deux gros moutons arrivés chez nous avec le troupeau de grand-mère. Cela signifiait-il qu'il devait lui aussi quitter le troupeau, quitter la terre ?

Pourquoi ? Le *ser*** était encore plein de viande ! L'anxiété que j'avais ressentie la veille, mais qui semblait s'être dissipée pendant la nuit, a resurgi. Sur mes gardes, j'observais les choses autour de moi.

Et elles ont confirmé mes craintes : mon père s'apprêtait à abattre Tête-Noire. Il était pressé, il devait partir garder le troupeau. J'ai dû l'aider. C'est-à-dire tenir les pattes arrière de la victime. Avec effroi, j'ai vu mon père lutter contre le grand et solide animal, finir par le renverser et lui mettre sa jambe droite sur le ventre. J'ai attrapé les pattes de derrière qui gigotaient à l'endroit le plus mince et le plus facile à saisir, je les ai prises et tirées vers moi en me renversant et en appuyant ses pattes contre mon bassin ; je ne voulais pas regarder, mais je n'ai pu m'empêcher de voir la main droite de mon père chercher son couteau à la ceinture, l'acier brillant jeter un éclair, et la

* hadak : tissu bleu clair, parfois blanc, destiné aux occasions solennelles. Pour les nomades, il joue le rôle du bouquet de fleurs des cultures européennes

** ser : haute étagère en plein air pour les réserves d'hiver

pointe, qui semblait caresser le ventre là où s'arrêtait le sternum, tracer une ouverture où est apparu le gras blanc de la panse avant même que ses bords ne se teintent de sombre, la main laisser retomber le couteau et, tous les doigts tendus et serrés, pénétrer dans l'ouverture comme un autour se jetant sur un moineau. J'ai vu et senti le corps tressaillir, saisi d'un spasme, et croître la force contre laquelle je luttais. Cependant, je savais que je ne devais lâcher sous aucun prétexte les pattes que je tenais écartées. Et j'ai serré les dents et bandé tous mes muscles. Le combat de Tête-Noire a duré longtemps, j'aurais dit une minute entière si, à l'époque, cette notion du temps m'avait été familière. Quand il est mort enfin, quand j'ai senti sa force décliner, souffle après souffle, et finalement s'éteindre, j'ai vu les pattes sans vie échapper à mes mains et rester en l'air, inertes au-dessus du corps, comme des bouts de branches mortes.

Alors, j'ai compris que je n'avais plus de Tête-Noire, qu'il n'existait plus de Tête-Noire, ni dans le troupeau, ni sur la terre : rien que ce tas de viande qui lui-même ne durerait pas longtemps.

Grand-mère a dit que je devais pousser le troupeau vers midi en direction de la croupe rocheuse et rentrer moi-même à la maison pour manger la viande qui serait cuite. Je ne suis pas rentré bien que la faim se fît sentir et qu'il fallût me satisfaire de la poignée d'*aarschys*, durs comme des cailloux, que j'avais dans ma poche de poitrine près de ma pierre chaude. Avec effroi et répugnance, je repensais à la bête abattue. Il me revenait des détails de la fin de Tête-Noire que je n'avais pas notés tout d'abord. Par exemple, l'urine qui s'était échappée au moment où la main disparaissait dans l'ouverture et pénétrait plus avant à la recherche de ce quelque chose qu'il fallait arracher.

Le froid durait. Les bêtes nées l'automne précédent n'arrivaient plus à marcher pour chercher de l'herbe.

Elles s'arrêtaient tout le temps et se serraient les unes contre les autres, recroquevillées sur elles-mêmes en tremblant. Je les ai séparées pour qu'elles avancent et ne meurent pas de froid. Moi aussi, j'avais très froid mais, contrairement aux agneaux, je savais qu'il fallait bouger sans arrêt pour ne pas geler. Et puis j'avais ma pierre chaude qui m'était effectivement bien utile, elle était pour moi comme un petit soleil.

Arsylang marchait derrière moi, l'échine courbée, on aurait dit qu'il était à l'affût. Nos regards se croisaient parfois, je voyais qu'il attendait un signe de moi. Seulement, je ne trouvais pas la force de faire quelque chose pour briser la barrière qui s'était installée entre nous.

Le soir en rentrant, j'ai trouvé le chaudron plein de viande. Il m'a paru insensé qu'on en ait cuit tellement, d'autant que cela avait coûté la vie à Tête-Noire. Grand-mère, déjà couchée, a voulu savoir si c'était le troupeau qui m'avait empêché de rentrer vite à la maison dans la journée. J'ai dit oui d'un ton bref. Néanmoins, je n'ai pas pu rester plus longtemps à l'écart de la viande qui formait un petit monticule fumant où l'on reconnaissait chaque morceau. L'odeur était trop forte, enivrante. La répugnance que j'avais éprouvée toute la journée, et à l'instant même encore, a cédé : la faim était plus forte. Je me suis jeté avidement sur le tas, et j'ai dévoré. Bizarre : plus j'avais l'estomac plein, plus mes sens s'émoussaient et, finalement, je ne pensais déjà plus que cette viande si bonne venait de Tête-Noire dont l'allure fière et alerte avait si longtemps réjoui mes yeux, ni que j'avais ma part dans la fin de ce noble spectacle.

Le lendemain matin, je me suis rendu compte que grand-mère gardait désormais le lit. Elle continuait cependant à raconter ses petites histoires des jours passés, accompagnées du doux sourire de son vieux visage fripé :

Tête-Noire était un agneau orphelin, sa mère avait été dévorée par un loup à sa naissance. Constatant sa disparition, grand-mère l'avait cherchée. Lorsqu'elle l'avait enfin trouvée, elle était couchée dans la neige et il y avait cet agneau tout tremblant près d'elle. Il était sur le point de mourir de froid et de faim. Il n'avait pas réussi à boire le colostrum. Grand-mère a vu le pis gonflé, intact, elle l'a pris dans sa main, il était encore tiède, le loup devait s'être éloigné juste au moment où elle arrivait. Le malheureux petit, qui avait d'ailleurs cherché tout seul le pis maternel, n'a pas tardé à trouver la mamelle et s'est mis à téter. Puis il a bu aussi à l'autre mamelle, et sa fringale a semblé calmée. Grand-mère a mis l'agneau orphelin dans sa poche de poitrine pour rentrer à la maison. Elle a d'abord senti sa fraîcheur, puis sa chaleur et, quand elle est arrivée, elle l'a trouvé paisiblement endormi. Elle l'a emmailloté comme un bébé et l'a gardé pour la nuit près d'elle, dans son lit. Le lendemain matin, il a eu une nouvelle mère. Il est resté en vie, il a profité. Une chance qu'il ait pu boire encore le colostrum, ce lait épais et jaune d'or, au pis de sa mère. Ne pas en boire à sa soif empêche de bien profiter. Il en va ainsi pour tous les êtres vivants. Ce n'est pas pour rien qu'on en parle comme d'un lait de vie. « Mangez de cette viande et buvez son bouillon », a conclu grand-mère. L'agneau orphelin était devenu un gros mouton et la femme solitaire redevenue une mère dont la yourte était pleine d'enfants – les choses auraient-elles pu mieux tourner ?

La nuit suivante, je me suis réveillé brusquement. Dans le poêle, le feu était allumé ainsi que la *dshula** dans la *dör*. Bien que la lampe à huile brûlât déjà. Grand-mère était assise, appuyée à des vêtements roulés qui formaient

* dshula : lampe destinée au culte, où l'on fait brûler du beurre fondu

un haut coussin. Mon père et ma mère étaient à ses côtés ; elle parlait tandis que tous les deux l'écoutaient en silence tout en se regardant.

Grand-mère a parlé de deux paniers à crottin qu'il fallait poser le fond vers le haut, de ses vêtements et d'un corps qui ne sentirait ni la douleur ni le froid.

« Tu sais bien, Schynyk », a-t-elle dit, puis elle s'est arrêtée, mais mon père n'a pas répondu. Elle a poursuivi : « Brûlez tous les vêtements, c'est ce qu'il y a de plus propre. » J'avais beau entendre ces paroles et voir grand-mère parler, je n'arrivais pas à comprendre de quoi il s'agissait. Cette histoire de paniers et de corps me paraissait des plus mystérieuses. Car comme je dormais encore, je n'avais pu entendre ce qui avait été dit avant.

Et voilà qu'elle prononçait des paroles de bénédiction. Elles s'adressaient à mes parents, à leurs enfants ainsi qu'aux gens de l'*aïl* et de l'*aïmak*. Puis elle a loué l'Altaï et ses montagnes, ses steppes, ses vallées, ses fleuves, ses lacs, ses forêts et le ciel au-dessus. Il y avait longtemps que je connaissais par cœur les formules, car on les entendait tous les jours dans la bouche des adultes et on les employait soi-même à la première occasion. J'ai remarqué que grand-mère mélangeait certains vers : normalement adressés au Ciel, ils s'adressaient tout à coup à la Terre.

Cela m'a beaucoup surpris, car c'était une chose qui pouvait parfaitement arriver à d'autres, mais pas à grand-mère. Je l'écoutais déclamer avec plaisir, avec recueillement même et avec foi à la lueur faible et vacillante du feu paisible, de la lampe à huile et de la *dshula*. Elle s'est interrompue et il m'a semblé que c'était pour soupirer, car elle a eu une expiration bruyante, suivie cependant d'une inspiration tout aussi longue et forte. Le silence s'est fait. C'était un autre silence que celui qui remplissait avant par intervalles l'espace entre les vers. Il ressemblait à présent à un vide, il me touchait par vagues de froid et de chaleur que je sentais aussi nettement que si j'avais été assis entre le poêle brûlant et la porte ouverte. Mais il n'a pas duré longtemps, papa l'a rompu : « *Höörküj awam dshoj bardy oj !* » – Notre pauvre sœur s'en est allée !

C'était un murmure si prononcé qu'il paraissait sifflant, effrayant. Maman a sursauté : « *Uj dshüü didri sen ?* » – Uj, que dis-tu ?

Ces deux exclamations pleines d'effroi sont restées gravées dans ma mémoire comme deux sentences. Avec les vers, les proverbes, les chants et autres formules toutes faites, elles ont accompagné ma vie ultérieure sans s'émousser ni s'appauvrir, se déformer ou perdre leur sens avec le temps.

Je me suis redressé. Pour mieux voir, pour vérifier si grand-mère était déjà partie comme mon père venait de l'affirmer ou si elle était encore là comme il me semblait. Effectivement elle était toujours là, adossée et les yeux clos, comme si elle réfléchissait. Mais mon père m'a aperçu et il a fait un signe à ma mère qui est venue me rallonger et m'envelopper dans le *ton* en peau où je couchais, tout en murmurant d'un ton ferme : « Reste couché, dors ! » Puis elle a pris mon *ton* roulé qui lui avait servi d'oreiller et l'a posé devant moi de sorte qu'il me bouche la vue.

Surpris et intimidé, je n'ai pas trouvé le courage de l'écarter. Allongé en silence, je tendais l'oreille. Car je ne pouvais saisir ce qui se passait à côté que grâce aux bruits que j'interprétais à la place de mes autres sens. C'est ainsi que j'ai pensé qu'on faisait sortir grand-mère, qu'on rassemblait ses affaires, que maman cousait quelque chose... Puis le sommeil m'a terrassé...

Je me suis éveillé tard. On ne m'a pas appelé ni secoué comme d'habitude, on m'a laissé dormir jusqu'à ce que je me réveille tout seul. J'ai d'abord vu le trou à fumée et le bout des perches, la lumière éclatante du soleil entrait à flots dans la yourte ; puis j'ai aperçu au-delà le ciel bleu rayonnant ; la lumière et le ciel me paraissaient tous les deux singuliers, c'était comme si je les avais cherchés, que j'avais attendu de les revoir tout en pensant à quelque chose que j'avais à leur dire. Mon regard a continué à descendre vers l'intérieur de la yourte, vers l'endroit où grand-mère avait toujours été assise à siroter du thé dans son *sawyl* au moment où l'on me réveillait, où j'entendais qu'on m'appelait, où je sentais qu'on me secouait et où je luttais autant contre la voix et le geste que contre le sommeil avant d'ouvrir enfin les yeux.

Grand-mère n'était pas là. Sa couche était rangée. Les trois peaux de mouton empilées sur lesquelles elle s'asseyait n'étaient pas là.

On ne voyait même pas sa canne. A sa place et au lieu de tout cela, j'ai vu Dügürshep. C'était l'aîné des deux fils de Nansyka, le père de l'autre Torlaa, celle qu'on appelait à l'époque la Petite Torlaa et, plus tard, Torlaa la Pâle. La nôtre, c'était la Rouge. L'*aïl* de Nansyka passait l'hiver à Hany Dsharyk dans la vallée voisine. On voyait parfois de la fumée, on entendait un aboiement, mais on n'avait pas le courage d'y aller. Et voilà que ce Dügürshep était assis dans la *dör* en train de manger. Mon père lui faisait face et mangeait aussi. Ma mère s'affairait à la cuisine. Tout en parlant. Elle parlait de quelqu'un qu'elle appelait avec compassion Höörküj. Il y a longtemps, cette personne avait dit qu'elle annoncerait son heure elle-même, elle l'avait annoncée et c'était vrai.

Je me suis levé, j'ai enfilé mes bottes et mon *ton*, j'ai mis ma ceinture, et je suis sorti. Je n'ai rien dit et les autres non plus. L'enclos était vide. Un bout de troupeau était en train de disparaître derrière le piton rocheux au-dessous d'Eser-Haja, ce devaient être les *hendshes*. On ne voyait Arsylang nulle part. Pour la première fois, je suis allé jusqu'aux rochers derrière lesquels les adultes allaient faire leurs besoins. Je savais pourtant que je pouvais faire pipi où je voulais ; s'il m'en avait pris l'envie, j'aurais pu le faire en marchant ou même en sautant. Mais je ne pensais ni à jouer, ni au fait que j'étais le plus jeune, le seul enfant de l'*aïl*. Les chevaux étaient sellés et tout brillants du givre qui s'était posé sur leur corps. Qui avait bien pu partir avec Scholak Dorug ?

Tous nos chevaux étaient dociles, mais c'était lui le plus docile, une fois chargé, on pouvait le laisser marcher tout seul avec les bœufs pendant les déplacements. Il était maintenant sellé, mais avec une couverture en feutre qui lui descendait jusqu'au-dessous du ventre. Lui avait-on fait porter un chargement ? Deux paniers à crottin étaient posés dehors côte à côte ; hier soir, ils n'étaient pas là, l'un d'eux contenait encore des racines de *desgen** et l'autre, vide, était retourné pour que la peau de Tête-Noire, étendue dessus toute raide et gelée, sèche au froid. Or tous deux étaient là maintenant près de la colonne des sacrifices, rangés proprement l'un près de l'autre comme après un travail fini. J'ai découvert encore les traces d'un quatrième cheval. De petits sabots, sans doute récemment ferrés aux pattes de devant.

Sans qu'on me le demande, je me suis lavé les mains et la figure. J'avais l'habitude de m'en dispenser les autres matins en affirmant que pour éviter qu'elle ne gèle, je serais de toute façon obligé de la frotter très souvent avec de la neige pendant la journée passée près du troupeau ; en réalité, il était rare que je le fasse, et c'était seulement lorsque mes joues, mon menton ou le bout de mon nez risquaient réellement de geler. Quand on s'était lavé avec de la neige, on commençait par avoir encore plus froid

* desgen : plante aux racines solides

qu'avant, mais cela ne durait pas : dès que la peau était sèche, on sentait la chaleur et même parfois une légère brûlure dans les pores, comme s'il y avait dedans une petite bête qui remuait.

On avait mis de la viande à cuire, bien que celle de la veille ne pût être finie. Et dans le bouillon flottaient des grains de riz, ce qui m'aurait tout excité un autre jour. J'ai été vite rassasié et je suis parti aussitôt rejoindre mon troupeau. Personne ne m'y a obligé, mais personne n'a essayé non plus de me retenir. On ne me disait d'ailleurs rien qui eût pu tirer à conséquence. On ne me disait pas ce qui était arrivé à grand-mère ni où elle était allée. C'était peut-être mieux ainsi, car rien n'aurait été pire pour moi qu'une conversation à son propos. Et pourtant j'aurais tant voulu savoir ce qui lui était arrivé et où elle était maintenant. J'ai rejoint le troupeau à Gysyl Göschge, il avait déjà fait demi-tour. Arsylang marchait à l'autre bout. En me voyant, il a couru à ma rencontre. Il est arrivé sans ralentir et s'est mis à tourner très vite autour de moi, il s'est jeté à mes pieds en poussant de petits gémissements. Etait-il au courant ? Quelle question – bien sûr qu'il savait ! Peut-être même l'avait-il accompagnée ?

« Arsylang ! Où est grand-mère ? »

Le chien a bondi sur ses pattes, il a tourné la tête vers l'ouest, le regard attentif et les oreilles dressées. Il est resté ainsi. Je le sentais d'une certaine façon : si je lui redemandais où était grand-mère ou, mieux, si j'appelais jusqu'à ce que les rochers alentour répercutent ma voix : En-eeej ! En-eeej ! En-eeej !... mon compagnon à quatre pattes s'assiérait aussitôt sur son derrière, le museau levé vers le ciel et pousserait un long et terrible hurlement. Mais je ne le voulais pas, en aucun cas, car j'avais peur d'Arsylang, de moi-même comme de ce qui s'était passé autour de nous et dont j'entendrais un jour parler. Je le sentais aussi : si je courais dans la direction de son regard en criant « hop, hop, hop !... » il m'accompagnerait, me précéderait et me conduirait. Mais c'était sûrement ce que je redoutais le plus.

J'aurais tant aimé savoir ce qui était arrivé à grand-mère, pourtant je craignais d'apprendre la vérité, de regarder en face une vérité qui serait dure, cruelle, amère. Car je pressentais ce dont il pouvait s'agir, en dépit de ce qu'elle avait essayé de me faire croire hier encore, avant-hier et le jour précédent – jour après jour. Même si mon pressentiment était un tourment, je préférais vivre dans cette incertitude qui débouchait malgré tout sur une lueur d'espoir.

Le soir, rentré à l'enclos et à la yourte avec le troupeau, j'ai appris qui avait gardé le grand troupeau : Galdarak, le plus jeune frère de Dügürshep. Il a bu du thé et mangé de la viande en racontant tout ce qu'il avait vu au cours de la journée, d'où avait soufflé le vent, comment les bêtes s'étaient comportées, etc. Puis il est parti.

Je suis resté seul avec mes parents. C'était la première fois que notre famille était si réduite. J'ai fait semblant d'être occupé, j'ai écrasé beaucoup de tiques, passant la soirée tous les sens tendus. Mais aucun mot n'a été dit à propos de grand-mère qui, hier encore, était allongée à cette heure-ci sur sa couche, tout occupée à poursuivre ses histoires. Nous vivions maintenant comme si nous ne l'avions jamais eue, jamais connue.

Tandis que penché sur les agneaux, je leur tâtais le cou à la recherche des tiques, que je les trouvais et les écrasais, j'entendais encore sa voix douce et harmonieuse, je voyais le sourire bienveillant de son visage ridé pareil à une toile d'araignée. Avec le temps, le secret est devenu de plus en plus transparent. Certaines personnes en visite chez nous me demandaient d'un air taquin où était ma grand-mère au crâne rasé ou parfois, plus directement, si je m'ennuyais de ma grand-mère qui était allée au sel.

Ah, aller au sel ! Cela me disait déjà quelque chose : un jour, un bébé devait arriver, nous l'avons attendu et attendu, mais nous ne l'avons pas vu, on a dit qu'il s'était perdu et qu'il était allé au sel au lieu de venir chez nous.

A cette époque, en effet, le sel était chose rare ; les gens allaient au sel avec des chameaux, il leur fallait du temps avant de revenir et, quand ils rentraient enfin, il en rapportaient de grandes quantités. En attendant, tout le monde partageait le sel que les uns ou les autres avaient encore. Moi-même, je devais souvent courir chez les voisins pour leur en demander un bol qu'ils ne remplissaient parfois qu'à moitié.

Mais je ne répondais pas à ce genre de questions. C'est maman qui le faisait pour moi, ou papa, et ils disaient que grand-mère ne reviendrait que lorsque je serai déjà grand et adulte. Tout le monde acquiesçait, même ceux qui avaient commencé par me taquiner. Curieusement, j'ai senti faiblir le doute qui n'arrêtait pas de me tarauder et de s'acharner sur ce qu'on me disait, j'ai été provisoirement rassuré.

Il me fallait garder mon calme et attendre, bien entendu ma cervelle n'était pas encore capable à l'époque d'une pensée aussi construite et arrêtée. Mais l'idée devait être en moi sous une forme quelconque, car je me suis montré docile et calme, non seulement face à ce qui s'était passé mais à ce qui allait suivre, je me suis soumis au destin, – or, c'était tout le contraire de ma nature. Une chance qu'Arsylang et moi nous fussions retrouvés. Nous gardions de nouveau le troupeau ensemble, l'un pour l'autre. Nous accomplissions consciencieusement notre devoir qui consistait à surveiller le petit troupeau, c'était la teneur de notre vie.

Une chance aussi de savoir que mes aînés allaient rentrer. Hélas, ils devraient repartir, toujours repartir. Et il n'y avait pas que cela. Je sentais grandir en moi l'inquiétude, car ce serait bientôt mon tour et il me faudrait quitter le troupeau, Arsylang, la maison, les parents, les Montagnes Noires – tout ce qui m'avait appartenu jusqu'à présent. Cette pensée faisait naître un doute qui lui-même appelait d'autres pensées et débouchait sur une angoisse : si je n'étais plus à la maison, est-ce que grand-mère arriverait à me retrouver ? Que deviendrait notre troupeau qui était à présent le mien ? Qu'adviendrait-il de la yourte où je voulais vivre avec elle ? Peut-être allais-je devenir un jour instituteur ou même *darga*, vivant d'un salaire et non plus du troupeau ? En ce cas, j'habiterais sans doute une hutte en troncs de mélèze et en torchis, comme les gens chics du centre du *somon* ? Ce qui signifiait n'avoir plus jamais de yourte à monter et à démonter pour parcourir les quatre saisons, traverser les quatre fleuves, aller des montagnes à la steppe, de la steppe à d'autres montagnes et au bord du lac avant de faire demi-tour ?! Ce qui signifiait aussi devoir quitter sans espoir de retour tout ce que j'avais eu jusqu'alors et qui avait été mien ?!

Voilà à peu près les idées qui me hantaient. Elles me sont tombées dessus comme des lambeaux de ténèbres, se sont installées au cœur de ma vie, y sont demeurées puis ont disparu un jour subrepticement. Je vivais ma vie, telle qu'elle m'avait été donnée. Ce qui avait été avant était sûrement beau, et j'aimais d'ailleurs m'en souvenir. Mais je n'éprouvais pas le désir de le faire revenir. Je savais sans doute instinctivement qu'il fallait me raccrocher à ce qui me restait encore : le troupeau et le chien.

L'année de la Vache Jaune tirait à sa fin. Comme toutes les années précédentes et comme quelques-unes encore, elle avait été faite de quatre parties qui s'enchaînaient et qu'on appelait saisons. Elles semblaient s'imbriquer les unes dans les autres d'un coup sec comme les treillis de la yourte. Sans doute était-ce à cause des événements qui se démarquaient rigoureusement les uns des autres pour constituer la vie nomade.

Nous étions partis avant la fin de la Vache Jaune pour Ulug Gyschtag, notre grand campement d'hiver. Il était situé plus loin dans les montagnes, au-delà d'une crête et de deux cols. On s'éloignait ainsi davantage des gens, mais on se rapprochait des pâturages restants. Et c'était le plus important, ne fût-ce que pour les femelles qui avaient de plus en plus de mal à se traîner avec leur ventre gonflé et qui maigrissaient à vue d'œil.

Arsylang

La Vache a été suivie du Tigre. On le redoutait en secret. Mais on ne manquait pas de se trouver une consolation : il avait été blanc, cette fois il serait de couleur. Le Tigre Blanc est arrivé en douce, pour ainsi dire. Avant et après, tout était calme. Le *Schagaa* n'a pas ressemblé à ce qu'il avait toujours été. On disait que la dysenterie était en route. Nous n'avions plus aucune visite. La viande et le *boorsak** que la Vache jaune avait préparés et laissés pour le Tigre Blanc n'en finissaient pas. Alors que la nouvelle année et le premier mois du printemps étaient déjà là, un froid rigoureux régnait encore. La neige est tombée le neuf, puis de nouveau le dix-sept. Mon père avait prédit cette deuxième neige et tout le monde s'y attendait.

« Qu'est-ce que ce sera le vingt-deux ? » disait-on. Et cela faisait longtemps qu'on était sur ses gardes, qu'on vivait repliés, taciturnes. Il a de nouveau neigé dans la nuit du vingt et un au vingt-deux ; c'était une neige lourde qui ne s'est arrêtée que le lendemain vers midi. La tempête a suivi. La neige tombée s'est soulevée de nouveau, ciel et terre se sont confondus. Le *dshut*** était là. On a conduit le grand troupeau là où le petit paissait d'habitude. Les *hendshes* sont restés là où ils avaient

* boorsak : galette de froment dure cuite dans la graisse

** dshut : grande tempête qui prive la plupart du temps les bêtes de nourriture passé la nuit ; tard dans la journée, on leur a donné un peu de foin à manger comme à des petits agneaux de l'année : en botte attachée par une corde tendue au-dessus de leur tête. Le lendemain aussi. Puis on a été obligé de les faire sortir, il y avait trop peu de foin. La montagne et la steppe d'un noir et blanc aveuglant semblaient fracassées au milieu d'une mer de débris. C'était fatiguant pour les yeux. Et il soufflait un vent qui paraissait scier, couper, piquer et arracher tout ce qui se mettait en travers de son chemin. Il sifflait et hurlait sans relâche. En s'y retrouvant pris, les *hendshes* se sont mis à brailler.

Poussés par le vent, ils ont couru un moment puis se sont fatigués et ont essayé de se cacher la tête sous le ventre des autres pour se protéger aussi du froid qui les pinçait et les brûlait, ils avaient bien du mal à paître.

Moi aussi, j'avais froid et je grelottais. La pierre chaude toute seule ne suffisait pas à me réchauffer les deux mains et le visage. Le bout de mes doigts, le dos de mes mains, mon nez, mes joues et mon menton me brûlaient et me faisaient mal ; ailleurs aussi, sur les mollets et dans le cou, j'étais gelé.

Arsylang lui-même marchait la queue entre les pattes et la tête penchée quand nous coupions le vent qui nous cinglait comme avec des flammes.

« Qu'est-ce qu'on fait ? » ai-je demandé à Arsylang en lui montrant la petite bande toute tremblante. Arsylang ne savait pas. C'était donc *à moi* de savoir, de décider. Et j'ai décrété : « On rentre, Arsylang ! »

Nous avons poussé le troupeau sur le chemin du retour. Nous marchions contre le vent, c'était dur, mais comme je criais, qu'Arsylang aboyait et que nous courions tous les deux d'un côté et de l'autre, nous avancions tant bien que mal.

Maman travaillait dans l'enclos, elle déblayait la neige, dégageait le crottin sec et grenu de l'année précédente pour qu'il remplace les crottes fraîches et gelées qu'elle avait grappillées et mises en tas. Elle m'a regardé en disant : « Je pensais qu'ils se réchaufferaient en marchant et pourraient manger. » Son ton était mal assuré, on aurait dit qu'elle s'expliquait, puis il est devenu dur comme s'il contenait un reproche, presque une menace : « Prends une brassée de foin, mais fais attention à ne pas en semer un seul brin au vent ! »

Les *hendshes* se sont bousculés sous le rocher qui formait la paroi nord du rempart de pierre et s'avançait loin au-dessus de l'enclos. On y était à l'abri du vent qu'on entendait seulement mugir, siffler et claquer plus distinctement qu'avant au milieu de ses rafales. Les *hendshes*, tremblants et marmottants, se sont jetés sur le foin et toutes les bêtes se sont mises à manger avec une hâte qu'on ne leur avait encore jamais vue et qu'on n'aurait pas cru possible. Maman aussi les observait. Elle m'a dit d'aller chercher du *düüleesch* et du crottin frais. J'ai pris mon petit panier, l'ai accroché en bandoulière et je suis parti. Arsylang m'accompagnait. Au bout d'un moment, maman nous a rejoints. J'ai été content de la voir, je me suis dit qu'on pourrait en mettre plus dans deux paniers et que les *hendshes* auraient plus à manger. Mais je me suis tu, me contentant de marcher aussi vite que possible pour ne pas rester en arrière. Les seules paroles de maman ont été pour crier à Arsylang d'un ton menaçant de rentrer à la maison, et il lui a aussitôt obéi.

Tout en nous dirigeant vers Saryg Göschge, nous trouvions çà et là un petit tas de crottin encore sombre qui devait pouvoir servir de nourriture pour les bêtes. Il était gelé et dur comme la pierre, des blocs de neige, de cailloux et de terre y étaient collés. Nous avions du mal à les en détacher.

Comme la profonde cuvette de Saryg Göschge était à l'abri du vent et qu'il y avait beaucoup de *düüleesch*, nous avons pu remplir vite les paniers. Mais après, nous avons peiné : marcher contre le vent était quasiment impossible. A plusieurs reprises, nous nous sommes reposés. Et que ce moment de repos était bon : le dos tourné au vent, nous nous laissions tomber et restions assis, protégés par le panier plein, certes haletants et les yeux clos, mais pleinement conscients de ne plus avoir besoin de lutter pour un instant.

Arrivé à la maison, j'ai arraché la partie tendre et feuillue du *düüleesch* pour la hacher. Pendant ce temps, maman a fait dégeler le crottin sur le feu. On a mélangé le tout dans une écuelle, avec du sel dessus. Tandis qu'elle en prenait une poignée dans le sac pour en saupoudrer le mélange fumant à l'odeur épicée, elle a dit : « Il vaut mieux que cette bande de voraces reste en vie même si nous buvons de l'eau ! » On appelait « eau » toute boisson sans sel. Car le sel était très précieux et toujours juste.

Les *hendshes* ont mangé avidement ce que nous leur présentions. « Tu vois, il dépend de nous qu'ils restent en vie ou non ! » a dit maman d'un air important.

Hélas, elle avait tort. Ou sans doute était-ce trop, et nous n'étions pas de force. Les choses se sont passées ainsi : le soir, papa est rentré à la maison avec le grand troupeau, il nous a appris que quatre agneaux étaient morts déjà dans le pâturage et que d'autres n'en étaient pas loin. Il avait tout juste eu le temps d'ôter la peau des bêtes crevées (il fallait le faire à cause du quota de laine) et de voir qu'il leur restait de la graisse sur la poitrine. Le lendemain matin, tous ceux qui avaient failli mourir de froid ont rejoint le petit troupeau, et ils étaient nombreux. Maman et moi sommes partis à deux avec le nouveau troupeau en emportant les paniers. Nous sommes retournés à Saryg Göschge cueillir du *düüleesch* et ramasser du crottin humide tout en gardant les bêtes. Le froid et le vent violent persistaient. Un agneau est mort. Il était à moi, c'était celui d'une deuxième portée de la moyenne de mes trois brebis à la tête noire et aux oreilles courtes. Elles étaient de la même mère et se ressemblaient tant qu'on aurait pu les croire nées ensemble mais, comme elles n'étaient pas du même âge, nous les avions séparées. La plus vieille ne vivait déjà plus, je l'avais donnée sur l'insistance de mon père lors du dernier *sogum**. Et voilà qu'il y avait un nouveau vide dans la famille.

Nous ne l'avons remarqué que lorsque l'agneau était déjà mort. Si nous l'avions vu avant, au moment où il avait trébuché ou au moins où il était tombé, nous aurions peut-être pu le sauver encore. Mais c'était trop tard. J'ai sorti mon couteau de la gaine pendue à ma ceinture et j'ai commencé à entailler la peau du ventre de l'agneau mort avant même que maman ne m'eût dit un mot. C'était un travail extrêmement pénible par ce froid. Mes mains ont gelé, d'abord la gauche qui devait tenir tendue la peau à la laine couverte de givre, puis la droite dont le poing se glissait entre la peau et la chair : tant qu'elle était contre le corps, elle restait chaude, mais ensuite elle gelait.

Maman a dit que nous aurions dû faire plus attention. Et nous nous sommes appliqués, mais il ne s'est plus rien passé. Lourdement chargés et poussant devant nous le troupeau, nous sommes rentrés le soir pour nous mettre aussitôt à préparer la nourriture.

Le grand troupeau avait subi de nouvelles pertes et d'autres bêtes, parmi elles des adultes, se sont jointes le lendemain matin au petit troupeau. Nous sommes repartis à deux avec les paniers vers les mêmes tourments.

Quelques jours ont passé, le troupeau maigrissait à vue d'œil malgré nos efforts. D'un côté comme de l'autre, il y

* sogum : abattage d'hiver

avait des pertes. Tous les matins, il nous fallait traîner quelques bêtes mortes que mon père et moi dépiautions tous deux. Je m'en sortais déjà mieux. On étalait les peaux pour les faire geler, puis on les empilait à l'écart près d'un rocher. On les humidifiait plusieurs fois côté poils, on les tassait bien et finalement, quand elles avaient pourri, on arrachait les poils. La pile augmentait rapidement. On mettait la carcasse des bêtes écorchées derrière les rochers bas et massifs qui affleuraient en contrebas de l'enclos, pareils aux restes d'une forêt étêtée. Arsylang nous aidait à les traîner, il les abandonnait ensuite sans y toucher Un jour, j'ai découpé pour lui le gras de la queue d'un mouton qui avait eu encore un peu de forces ; après l'avoir flairé un moment d'un air indécis, Arsylang n'en a fait qu'une bouchée. Par la suite, j'ai toujours donné à Arsylang le morceau que je pensais être le meilleur dans chaque bête : le gras de la queue et le gigot, ou le foie.

Mon père et ma mère portaient les traces des fatigues de ces derniers temps, ils avaient le visage noir. Leurs pommettes saillaient, leur nez paraissait curieusement long. Ils maigrissaient. Moi aussi je devais avoir maigri, car je sentais une grande fatigue dans tous mes membres, mes pieds nageaient dans mes bottes et le panier qu'il me fallait porter semblait plus lourd de jour en jour.

Nous nous levions à l'aube et ne nous couchions qu'à la nuit noire. Souvent, mon père devait se relever plusieurs fois pour aller voir le troupeau. Il a toujours été de règle qu'un berger qui passe la journée dehors avec les bêtes ne mange que deux fois par jour – tôt le matin et tard le soir. Il en allait de même pour nous, mais c'était toujours un bon repas auquel s'associait une certaine convivialité. Maintenant, nous n'avions plus le temps. A peine étions-nous debout qu'il fallait courir au secours des bêtes grelottantes que le froid de la nuit avait cinglées. Manger était devenu accessoire. Une chance qu'il y ait eu de l'*aarschy*: le matin, chacun en mettait une poignée dans sa poche de poitrine et, la plupart du temps, en gardait un bout dans la bouche pour le sucer ; l'*aarschy* apaisait aussi bien la faim que la soif. Le soir, quand on ôtait ses vêtements et qu'on défaisait sa ceinture, il arrivait d'en voir tomber un morceau oublié, chaud, mou et gras au toucher.

Chaque jour, le troupeau devenait de plus en plus maigre, de plus en plus réduit. Le froid et le vent violent persistaient. Les femelles ont commencé à mettre bas. Chaque matin, on passait le troupeau en revue. On triait les bêtes dont le ventre pendait ou se creusait pour les laisser dans l'enclos. On leur tâtait aussi le pis parfois ; s'il était ferme et chaud, avec des tétines rosées, c'était un signe certain que la brebis n'allait pas tarder à agneler. Malgré cela, mon père rentrait la plupart du temps le soir avec un *indshejek** plein et lourd.

Désormais, ma mère ne pouvait plus garder avec moi le second troupeau, elle devait s'occuper des brebis qui mettaient bas et de leurs petits. Je voulais continuer à emporter le panier, mais mes parents ne l'ont pas permis, car ils craignaient que je ne sois renversé par le vent et étranglé par la lanière. En revanche, je ramassais et entassais du *düüleesch* et du crottin que maman venait chercher dans le courant de la journée.

Presque chaque jour, j'avais des bêtes mortes à dépiauter. C'était dur pour les moutons adultes. Ils étaient si amaigris que la peau collait. Un jour où je peinais, j'ai eu l'idée d'une méthode plus facile pour moi : avec ma pierre chaude dans la main droite, j'ai frappé la peau tout en tirant dessus et en la tendant avec la gauche. C'est ainsi qu'on écorchait habituellement le gros bétail. Peu après, j'ai perfectionné le procédé : j'ai dit à Arsylang de

* indshejek : sac en feutre dans lequel on porte les agneaux

mordre dans la peau et de tirer dessus, ce qu'il a vite compris et fait avec un grand dévouement. Désormais, je frappais la peau tendue avec la pierre et quand mon bras s'engourdissait, j'y mettais le pied, mais cela ne marchait pas aussi bien.

Pendant ces journées de tempêtes, j'ai appris un autre tour de force à Arsylang. Une fois de plus une bête est morte un soir sur le chemin du retour. Je l'ai traînée jusqu'à épuisement de mes forces. J'allais être obligé de la laisser en route. Pourtant cela ne pouvait se faire car elle gèlerait pendant la nuit, deviendrait dure comme la pierre, et finalement la précieuse laine serait perdue. Or mon père disait que sa tête en dépendait. En réfléchissant, il m'est venu à l'esprit que le chien pourrait la traîner. Je lui ai montré le mouton crevé en lui disant : « Attrape, Arsylang ! » Il a mordu dans la toison en broussaille. J'ai soulevé la bête et l'ai chargée à grand-peine sur ses épaules. Arsylang a avancé. Il était fort. Selon un proverbe que tout enfant connaissait, « Les chiens ne s'inquiètent pas du *dshut*, ni les lamas de la peste ». Et c'était juste en l'occurrence, sans que mon compagnon à quatre pattes y fût pour quelque chose.

Les brebis amaigries donnaient peu de lait, souvent pas du tout. Leurs pis pendaient mollement, comme une bourse vide, leurs tétines restaient froides, sans vie. Les agneaux hurlaient de faim, tétaient et suçaient tout ce qui leur passait sous le museau : leurs congénères, les touffes de poils emmêlées de leur mère, les doigts des gens ou le bord de leurs vêtements. Maman faisait cuire une bouillie de farine, de beurre, de tisane et de sel, à laquelle elle ajoutait parfois aussi un petit peu de lait. La farine était rare, on n'en mangeait que les jours de fête. Quant au lait, on devait le tirer goutte à goutte à l'une ou l'autre des brebis qui se portait mieux que les autres, ce qui était un vol aux yeux de la femelle et de son petit.

Avec cette bouillie, on nourrissait les agneaux affamés. Le son creux que rendait la corne qu'ils tétaient montrait qu'ils n'étaient pas encore rassasiés. Mais il n'était pas question de les rassasier, il s'agissait seulement qu'ils survivent ce jour-là et tiennent jusqu'au lendemain qui serait peut-être meilleur. J'avais parfois droit à un petit bol de cette bouillie et je me promettais, quand la bonne saison serait venue, de ne plus manger désormais que de la bouillie.

Il y avait des brebis qui rejetaient leurs agneaux. Cela arrivait certaines années, mais cette fois c'était aussi contagieux et dévastateur qu'une maladie. A l'heure de la tétée, nous nous accroupissions chacun derrière une brebis et, accrochés à son pis, nous chantions à qui mieux mieux. Oui, nous chantions ! Ce n'étaient pas les paroles qui comptaient, mais la mélodie, le son de notre voix et la répétition du mot toega – toega – toega... Pourtant de petites rimes nous venaient parfois inconsciemment sur les lèvres :

Si tu n'aimes pas ton petit, toega – toega – toega
Tu n'es qu'une chipie, toega – toega – toega
Allons, occupe-t-en, toega – toega – toega
Comme un Ardshupan, toega – toega – toega !

Ardshupan était le héros des contes que j'inventais et racontais à Arsylang. Ar- venait d'Arsylang, dsh- de mon nom Dhsuruk-Uwas, et dans mon imagination -pan était la terminaison qui indiquait un grand courage.

Mon père chantait :

Si vous êtes avec nous, toega – toega – toega
C'est la prospérité, toega – toega – toega
Si vous êtes contre nous, toega – toega – toega
C'est la pauvreté, toega – toega – toega !

Mais de qui parlait-il ? De ces stupides brebis, peut-être, qui livraient leurs petits à la mort uniquement pour pouvoir sauver leur peu de vie ? Ou bien des montagnes ?

Oui, sûrement ! Car c'étaient elles qui accordaient aux bêtes et aux hommes leur protection contre le vent et le froid. Et que ne leur offraient-elles pas ? Herbes, plantes, oignons et racines contre la faim, eau et neige contre la soif, *desgen* et *düüleesch* aussi contre le froid. En pensant à cela, j'ai eu envie de louer les montagnes, nos Montagnes Noires. Mais il fallait en finir d'abord avec ce que je voulais dire à cette stupide brebis, avec l'essentiel : occupe-t-en comme un Ardshupan, sinon gare au *sogum* !

Quant à maman, c'était le lait qu'elle évoquait, le lait blanc et chaud. Elle chantait tout le temps la même chanson :

Coule, coule lait, toega – toega – toega
Blanc, blanc lait, toega – toega – toega
Tiède, tiède lait, toega – toega – toega
Gicle, gicle lait, toega – toega – toega.

Et nous avions aussi sans cesse recours à d'autres moyens. Nous enduisions le derrière de l'agneau avec de la saumure et fourrions le museau de sa mère dans sa toison imprégnée de sel. Elle avait beau commencer par se défendre, elle finissait par devoir y goûter en léchant son museau mouillé. Ensuite elle se léchait longtemps, jusqu'à ce que le goût du sel disparaisse complètement. C'est là qu'on voyait ce qui triomphait : l'envie de sel ou l'entêtement. Si c'était l'envie, elle retournait d'elle-même goûter au délice qu'on lui avait préparé. En ce cas, l'affaire était réglée. Mais souvent aussi, c'était l'entêtement qui était le plus fort. Il fallait alors recourir à un autre expédient : on enfonçait plusieurs doigts dans le vagin de la brebis, on les allongeait et les repliait, puis on les essuyait au passage sur le dos de l'agneau ; le nombre de doigts et la façon de les replier dépendaient des cas. Une brebis pouvait se montrer sensible tandis qu'une autre avait l'air d'une bûche. C'étaient les adultes qui usaient de ces méthodes, je les connaissais pour les voir appliquées, mais je m'en tenais provisoirement à ma chanson.

Ma voix claire d'enfant faisait la plupart du temps de l'effet aux bêtes plus vite que celle des adultes.

Le soir, nous demeurions très longtemps à l'enclos ; quand la journée avait été claire, il y avait plein d'étoiles dans le ciel, elles rayonnaient d'un éclat jaune et bleu qui tombait jusqu'à nous et ricochait sur le dos des bêtes. Et, sous cette lueur, nous restions collés au pis des brebis et chantions sans arrêt. Alentour guettait l'obscurité qui nous donnait des frissons ; comme portés par des vagues sans fin, ils nous laissaient à chaque fois un bâillement. Nous nous faisions violence pour le réprimer et nous secouer. Tout le monde avait envie de s'écrouler sur place et de s'endormir sur-le-champ parmi les brebis. Seulement, nous devions chanter pour chasser la glace de leur corps, pour libérer et réveiller l'amour.

Un soir, ma mère a conjuré le Ciel bleu. Des nuages étaient réapparus, le vent violent s'était calmé, l'air sentait la neige et l'obscurité pesait sur la yourte et l'enclos, sur les hommes et les bêtes, muette et écrasante.

As-tu encore des yeux, dis, toega – toega – toega
Regarde-moi Deedis, toega – toega – toega
As-tu encore des oreilles, dis, toega – toega – toega
Entends-moi Deedis, toega – toega – toega.

Dans sa voix s'annonçaient des larmes toutes proches.

Mais pourquoi, pourquoi dis, toega – toega – toega...

Les larmes étaient là. Son chant s'est brisé. Et à la place, on l'a entendue renifler et haleter. Je m'en suis rendu compte, mais j'ai continué à chanter. Et papa aussi. Il décrivait à la femelle son petit :

Des oreilles douces toutes petites, toega – toega – toega
Un museau fin tout petit, toega – toega – toega
Des pattes frêles toutes petites, toega – toega – toega
Un bout de queue rond tout petit, toega – toega – toega...

Ma mère s'était dominée. Sa voix résonnait de nouveau avec force, elle semblait reposée :

Toi qui es notre père, toega – toe...

Elle s'est arrêtée net et un cri a retenti : d'abord clair, il s'est transformé en un sourd gargouillis qui n'en finissait plus et devenait sanglot, râle. J'ai vu partir la brebis à qui était dédié le chant interrompu et son agneau tomber ; en s'en allant, sa mère l'a renversé, il a crié et gigoté, mais son cri était aussi atone et faible que ses contorsions. En revanche, les sanglots et les râles de ma mère étaient violents, j'avais l'impression que tout l'enclos l'entendait et attendait anxieusement la suite des événements. Elle s'est mise à déverser un flot de paroles qui s'adressaient au Ciel. On aurait dit qu'elle avait pris au collet ce vieux Père au cœur dur et qu'elle le secouait. Je me suis senti soulagé, car ses sanglots et ses râles muets étaient effroyables.

« Oh, quel Père au cœur dur ! » s'est-elle écriée, les yeux au ciel en brandissant ses poings fermés.

« Quel est donc notre crime pour nous punir si sévèrement ? N'avons-nous pas toujours vécu en te craignant et en te respectant infiniment ? Ah, pourquoi nous punir sans raison de façon si dure ? Nous ferions mieux de te rejeter et d'écouter d'autres discours ! De nous détourner de toi ! »

Elle continuait. On aurait dit qu'elle se disputait avec quelqu'un qui l'avait profondément offensée.

Papa et moi restions près de nos brebis, nous continuions notre travail en chantant. Pour ne pas être obligé d'entendre ce que maman criait au Ciel bleu sombre de la nuit, je voulais inventer de belles paroles graves pour ma chanson. Seulement les mots dont j'avais besoin semblaient se cacher derrière les brebis, impossible de les trouver. Obligé de m'en tenir au simple toega – toega alors que j'étais à la recherche désespérée de paroles pour le compléter, j'écoutais et assistais impuissant à ce qui se passait à côté. Je ne pouvais m'empêcher de m'avouer que maman n'avait pas tellement tort de s'emporter. Quant à mon père, il n'arrêtait pas de répéter aussi ses

« toutes petites » et ses « tous petits » ; peut-être lui arrivait-il la même chose qu'à moi ?

Le temps passait, et ma mère avait dû se ressaisir. Aux paroles de menace ont succédé les prières. Elle s'est enfin relevée pour aller chercher la brebis qui lui avait échappé. Elle marchait d'un pas chancelant. J'aurais souhaité au moins ne pas le voir, mais je ne pouvais détourner d'elle mon regard.

Cette nuit-là, nous avons lutté particulièrement longtemps. Les brebis étaient butées. Les nuages descendaient toujours plus bas. Tout devenait sombre et étroit comme dans un trou. Silencieux. J'avais l'impression qu'on nous avait abandonnés avec ces brebis stupides et obstinées dans un monde vide et obscur où nous étions condamnés à chanter sans trêve.

La nuit suivante, la neige attendue est tombée. Ce à quoi nous ne nous étions pas attendu, c'était que le soleil vienne illuminer l'univers enneigé. Dès le matin, la neige a fondu sur la paroi sud des rochers, de petits cercles sombres se sont dessinés sur la pierre bleue autour des lambeaux de neige, puis se sont agrandis et finalement confondus. « Le vent maintenant, et c'est la fin ! » a dit mon père d'une voix brisée. Il m'a semblé que ma mère courbait l'échine et murmurait une prière, les yeux levés vers le Ciel. Dans son regard, dans ses yeux, se lisaient la peur et le remords.

Mais le vent ne s'est pas levé. Le soleil était presque aussi ardent qu'en été. La neige s'est teintée d'un bleu qui a fini par l'imprégner petit à petit. L'air était brûlant. On voyait çà et là de minuscules filets d'eau sur les versants sud, ils grossissaient d'heure en heure. Muets de surprise, d'attente et d'espoir, nous observions tout cela. Le soir, la montagne et la steppe semblaient de couleur pie. Encore deux jours d'accalmie et de soleil et il ne resterait plus de neige sur les parois ensoleillées.

On voyait de nombreuses traces dans la neige. Des souris, des lièvres, des renards, des martres, des chats sauvages et des loups avaient couru dans tous les sens. Leurs traces étaient fraîches, mais on n'apercevait aucune vie, bizarre !

Arsylang flairait et avançait tous les sens en éveil ; quand il y avait des traces de loups, il aboyait et grondait, parfois il grattait la neige avec ses pattes de derrière, il la faisait rejaillir et pissait d'excitation. Les traces de loups étaient relativement rares. C'étaient les plus grandes, les griffes s'enfonçaient profondément dans la neige fraîche ; j'avais entendu dire quelque part que les années où il neigeait beaucoup, les animaux sauvages avaient de grosses griffes et de la corne épaisse.

J'étais tout aussi excité qu'Arsylang. Je regardais intensément dans la direction où menaient les traces, dans l'espoir d'apercevoir quelque chose. Mais en vain.

Si seulement une martre ou un renard ou même un loup, oh oui un loup, était dans le coin ! Arsylang se lancerait à sa poursuite et l'attraperait. En cet instant, je ne doutais pas qu'il eût le courage, la rapidité et la force nécessaires pour vaincre n'importe quel adversaire Oh, ce serait quelque chose ! Quand je raconterais cela à mes aînés ! Et aux autres enfants de l'*aïl* en été ! Mon Arsylang deviendrait célèbre comme le Gysyl Galdar du héros Hüreldej – comme le chien de la légende. Et les adultes eux-mêmes diraient : « Le cadet de Schynykbaj, quel gars formidable avec son chien Arsylang ! » Pouvait-on encore appeler mon troupeau des *hendshes* ? Il ne restait que quelques-unes des bêtes nées sur le tard ; les pauvres avaient souffert, vraiment ! Celles qui avaient encore un souffle de vie étaient lessivées et éreintées, elles avaient du mal à tenir sur leurs pattes. Mais on le voyait : la volonté de vivre était là, les petites bêtes flageolantes et chancelantes grattaient la neige pour chercher des petits brins d'herbe. Cette volonté de vivre nous donnait à tous du courage et nous confortait dans l'espoir qu'effectivement le vent ne se lèverait peut-être pas. L'humeur de mon père était à la confiance. Dans le courant de la journée, son visage s'est éclairé. « Tout indique que le *dshut* est enfin terminé ! » a-t-il dit avec le sourire tout en buvant du thé noir brûlant.

Lui aussi avait vu des traces, surtout de loups et de renards. Plus encore : cela lui avait donné envie de chasser un peu. Mon père était un bon et même un excellent éleveur, mais un piètre chasseur. Il n'avait encore jamais rempli son quota de chasse aux loups et aux renards. Il achetait les peaux à d'autres, les payait avec des moutons : trois pour une peau de loup, deux pour une peau de renard. Il avait même bien du mal à donner les cinq coqs de bruyère et les dix perdrix qu'il ne tirait presque jamais au fusil, mais prenait au piège. C'était chaque année pareil, et quand les chasseurs venaient avec leurs peaux et repartaient en poussant les moutons, maman le disputait. Pourtant papa avait un bon fusil, un Mauser. Il l'emportait parfois, mais il ne tirait rien, si ce n'est des marmottes. Et encore, rarement. Beaucoup de bons chasseurs se moquaient de lui.

Eh bien, il voulait chasser. Chasser avec du poison. C'était la nouvelle mode à l'époque. La poudre blanche ressemblait à du sel de cuisine d'aujourd'hui et on en voyait par paquets dans les yourtes, elle s'achetait d'ailleurs dans les magasins au prix du sel. On l'appelait poison à loups, mais on empoisonnait avec cela tout ce dont on souhaitait la mort : les oiseaux qui volaient l'*aarschy* en train de sécher, les rongeurs qui s'aventuraient près de la yourte, le gibier dont on voulait la peau, mais dont on n'aimait pas la viande. Par la suite, le poison n'a plus été en vente libre, on l'a interdit, et ceux qui en possédaient encore devaient le rendre pour être détruit. Car pour la première fois, la rage s'était déclarée.

Mais ce printemps-là, cette nouveauté dont on ignorait encore la malice jouissait du prestige que lui conféraient les louanges du prospectus du fabricant et tenait sous son charme le peuple nomade à l'âme confiante.

Papa a fait fondre du beurre, il en a rempli un bout d'intestin de mouton, il a mis la saucisse dehors sur la yourte pendant un moment. Et une fois qu'elle a été gelée, il l'a découpée en rondelles de la largeur de deux doigts, puis il a vidé un peu chaque rondelle pour y mettre le poison ; c'est la petite cuillère en argent accrochée au fermoir de sa blague à tabac qui a servi de mesure ; il a mis une petite cuillère de poison dans chaque rondelle et les a rebouchées avec le beurre qu'il avait enlevé avant. Les rondelles, au nombre de trente, avaient un aspect coloré et plaisant.

Le travail fini, non seulement mon père s'est lavé les mains, mais il a rincé aussi la petite cuillère à l'eau chaude. Il a raconté que le vieux Schirning s'était évanoui en prisant après avoir fabriqué lui aussi des rondelles de poison et plongé la petite cuillère dans le tabac. Il n'avait fait que l'essuyer alors qu'il fallait la laver soigneusement. Je connaissais le vieil homme que j'appelais *eshej* comme tous les hommes plus âgés que mon père ; la plupart du temps, on le nommait Schirning-baj, car il était riche et avait un *lawschak* en velours marron foncé, il portait aussi une moustache aux pointes frisées et retroussées qui lui prenait la moitié de la figure. En m'imaginant l'homme évanoui, je me suis mis à pouffer. Mais maman s'est écriée : « ihiij ! » comme chaque fois qu'elle était effrayée. « Ihiij, a-t-elle répété, laisse donc, on ne sait jamais ». « Bah, je suis prudent », a dit papa en l'interrompant et il a ajouté : « Qui sait, peut-être le Deedis me donnera-t-il cette fois plus de chance qu'avec le fusil et le collet. » Ma mère n'a rien répondu mais, tandis qu'elle regardait mon père, son visage s'est éclairé un bref instant. Peut-être papa aurait-il effectivement de la chance à la chasse, qui sait ! Et la petite troupe de moutons qui devait nous quitter chaque année pour respecter notre quota de chasse pourrait rester dans notre troupeau. Nous en avions sérieusement besoin. Peut-être les loups et les renards qui mordraient dans la rondelle empoisonnée et mourraient seraient-ils plus nombreux que ce que nous devions à l'Etat, on pourrait alors vendre l'excédent contre des moutons et des chèvres ou contre tout ce dont on pouvait avoir besoin. Pourquoi ne pourrions-nous pas faire ce que d'autres faisaient ?

Il nous fallait en tout trois bêtes, papa a emporté les trente rondelles empoisonnées ; on attribuait un bon flair aux loups et aux renards, il les conduirait à la mort, voilà ! C'était une nouvelle journée sans vent. Le soleil se mettait résolument à l'œuvre, il se levait et réchauffait la terre qui s'était de nouveau refroidie pendant la nuit.

Les *hendshes* avaient fort à faire avec le verglas qui s'était formé çà et là au bord des îlots de neige, mais ces pauvres quadrupèdes se sont mis tout aussi résolument à l'ouvrage sur la terre que le soleil dans le ciel ; ils se dépêchaient d'avancer, le cou et les membres tendus, pour chercher de petits brins d'herbe sur le sol caillouteux et bleu, et ils ne craignaient même pas de gratter la neige bien qu'elle fût ce jour-là plus dense que la veille et qu'une mince couche de glace se fût formée qui craquait avec un bruit léger sous leurs sabots.

La glace n'a pas tardé à fondre et la terre s'est mise à fumer. On a vu réapparaître des filets d'eau qui grossissaient ; l'après-midi, c'étaient déjà des ruisseaux et des mares, la montagne et la steppe étincelaient. Les *hendshes* ne voulaient plus manger de *düüleesch*, ils voulaient de l'herbe, de la vraie, et de l'armoise froide visible tout à coup. J'en apercevais çà et là, je sentais venir de tous côtés les effluves de son parfum poivré.

Les traces s'embrouillaient : inutiles, bleuies, elles semblaient perdues sur les lambeaux de neige. Arsylang les flairait encore aussi consciencieusement que la veille et il était tout excité à chaque fois qu'il restait celles d'un loup. J'avais maintenant encore plus de motifs de penser aux loups. Aujourd'hui, je les voyais tous morts. Les trente rondelles de poison que papa avait emportées et sans doute éparpillées depuis hantaient mes pensées. Elles devaient guetter çà et là leurs victimes. Chacune d'elles, ronde et d'un jaune tirant sur le rouge, ressemblait au soleil. Ces trente petits soleils me réchauffaient. Peut-être les premiers loups et les premiers renards étaient-ils déjà morts ?! Oh, que la journée était longue !

Le soir, j'ai couru à la rencontre de papa. J'avais passé cette journée de printemps longue et dorée à attendre et voilà qu'au dernier moment, je n'en pouvais plus. De loin, j'ai essayé de deviner si mon père ne traînait pas quelques loups ou quelques renards. Non, il avait les deux mains libres. Je ne voulais pas encore céder à la déception. Je me suis dit qu'il avait dû dépiauter aussitôt les loups et les renards qu'il avait attrapés. Leurs peaux devaient pendre dans son dos, attachées à sa ceinture. J'avais vu certains chasseurs faire ainsi. Mais cela ne semblait pas être le cas non plus, car rien ne se balançait derrière lui. Je me suis aperçu que l'*indshejek* était plein. Ils étaient là ! Peut-être ? Le cœur battant, je suis arrivé près de lui : « Qu'est-ce qu'il y a dans l'*indshejek*, papa ? » « Des agneaux, trois, dont un blanc comme neige avec de petites oreilles courtes ! » J'ai été profondément déçu. Tandis que mes membres s'engourdissaient, je pensais : Ah, fiche-moi la paix avec tes agneaux débiles !

Pourtant, je ne voulais pas encore abandonner tout espoir et j'ai demandé : « Et la chasse ? » Ce que je voulais savoir, c'était où était le gibier. Mais le courage me manquait pour poser la question. Mon père a compris, il m'a dit : « Voyons, je n'ai mis les appâts qu'aujourd'hui ! »

« Et quand vas-tu aller voir ? »

« Demain, après-demain. Tous les jours. »

Je me suis senti un peu mieux.

« Aujourd'hui, le troupeau a mangé à sa faim ! a dit mon père à ma mère en rayonnant de joie. Tu vas voir ! » Elle a approuvé : « Il y a du lait dans les pis ! »

Nous avons eu moins de travail que les soirs précédents, même si nous avons dû rester encore dehors dans l'enclos à nous égosiller et à bâiller à la lueur des étoiles.

C'était le sixième jour du deuxième mois du printemps. Depuis la première neige qui avait annoncé le *dshut*, un mois entier s'était écoulé. « Demain est le jour décisif ! » a dit mon père en levant les yeux vers le ciel. Dans sa voix comme dans son regard, on sentait la confiance. Et il avait raison. Le temps s'est enfin maintenu et le printemps tardif est resté doux.

Dans la nuit, j'ai fait des rêves pénibles. Le dernier était celui que j'avais déjà eu il y a longtemps, le mauvais rêve ! Il avait un peu changé, mais je l'ai reconnu : de tous côtés, de la neige bleue, jusqu'aux cimes des montagnes, jusqu'aux confins des steppes, partout où porte le regard. J'essaie d'en sortir car je pense que cette neige si bleue ne peut pas être bonne. Seulement, je ne sais même pas si j'avance car mes pas ont beau s'y enfoncer, aucun son ne sort de la neige silencieuse. Je sens l'inquiétude grandir en moi, s'intensifier et se transformer en peur. Je veux crier mais la voix me manque et je suis saisi d'effroi. Tout à coup apparaissent Arsylang, grand-mère et le troupeau. Pourtant, non seulement ma peur ne me quitte pas, mais elle augmente jusqu'à l'insupportable quand je m'aperçois qu'ils sont tous différents de ce qu'ils étaient, qu'ils ne marchent pas, ne courent pas, qu'ils flottent, et qu'eux-mêmes sont tous muets : Arsylang aboie et pleure, les *hendshes* bêlent, grand-mère parle. Je le vois mais n'entends rien, tout reste muet.

Je remarque aussi que grand-mère a le visage très pâle, les mains maigres et qu'elle est devenue très vieille, tout le troupeau n'est qu'un tas de bêtes mortes et Arsylang a les yeux fixes, les membres raides, il tombe, se redresse, chancelle, je vois qu'il souffre terriblement, qu'il voudrait aboyer et hurler mais qu'il ne le peut pas. Et puis soudain, j'entends des aboiements et une cavalcade.

Je me suis réveillé et j'ai réalisé qu'Arsylang filait en aboyant et en grondant. Dehors, mon père criait : « Vas-y, hop, hop ! » – « Qu'est-ce qu'il y a ? » me suis-je écrié en sautant sur mes pieds, « Qu'est-ce qu'il y a, papa ? » ai-je aussitôt répété, n'obtenant pas de réponse.

« Un renard ! »

« Oh ! »

Je me suis dépêché d'enfiler mes bottes, j'ai rejeté le *ton* et bondi jusqu'à la porte. Je n'ai pas vu de renard mais j'ai aperçu Arsylang, un bref instant seulement, car il disparaissait déjà derrière la croupe de la montagne au-dessus du *schagaa*. On ne l'entendait plus aboyer.

Il était encore tôt, mais mes parents s'occupaient déjà des moutons. Ils m'avaient donc laissé dormir. Je me suis habillé ; un agneau coincé sous chaque bras à la façon des adultes, je me suis hâté d'aller les aider. Le vacarme des moutons et des agneaux semblait déborder de l'enclos et pourtant, l'espace d'un instant, on aurait cru surprendre le silence qui régnait sur la terre matinale. Le spectacle était singulier : le soleil d'un rouge aveuglant était collé à la pointe des rochers, il restait en dessous un soupçon d'obscurité et, très haut au-dessus, on voyait le ciel rayonner de clarté. Ciel et terre se découpaient si nettement qu'on avait d'emblée le sentiment d'être entre le jour et la nuit. J'ai vu tout cela et je m'en suis réjouis, pourtant tous mes sens étaient tendus vers l'endroit où pouvaient bien se trouver le chien et le renard. J'attendais le retour d'Arsylang. Et, en l'attendant, je pensais au rêve. C'était un mauvais rêve et il fallait que je le raconte pour moi-même à haute voix avant de cracher trois fois. J'aurais dû le faire en sortant, car maintenant j'étais en plein travail et les bêtes me fixaient de toutes parts en bêlant. Impossible de planter là tout simplement ces agneaux et ces moutons stupides et impatients pour courir me débarrasser de mon rêve. J'étais obligé de le traîner provisoirement.

Il me semblait peser de plus en plus d'instant en instant. L'enclos se vidait enfin, les agneaux paissaient. Arsylang ne rentrait pas.

Il n'y avait plus que quelques brebis à nous écouter chanter. Nos chansons étaient courtes, mais il m'en coûtait de chanter. Arsylang ne rentrait pas.

On a récupéré les agneaux qui avaient bu leur content ; certains, les plus jeunes, sont retournés dans la yourte tandis que les autres, qui pouvaient déjà manger, ont rejoint les *hendshes* dans la *gükpek.*

Arsylang ne rentrait pas.

Il fallait que je prenne mon petit déjeuner. Le thé n'était ni trop chaud ni trop tiède mais je me suis contenté d'en prendre un bol sans rien manger, et j'ai mis comme toujours une poignée d'*aarschys* dans ma poche de poitrine.

Arsylang ne rentrait pas.

Maman a demandé si le chien était revenu. J'ai répondu que non. Papa s'apprêtait à dire quelque chose, mais il s'est arrêté pour boire bruyamment du thé dans son bol de porcelaine aux tons jaunes.

« Bizarre ! » a-t-il dit enfin.

Le grand troupeau a quitté l'enclos. J'ai ouvert la porte de la *gükpek* pour faire sortir le mien. Avec les agneaux aux poils blancs, il était de nouveau plus grand et plus beau. Les jeunes qui partaient paître pour la première fois retournaient tout le temps à l'enclos. Je leur courais après en jetant au passage des coups d'œil du côté où devait revenir Arsylang. Mais il ne rentrait pas, ne rentrait toujours pas.

Dès que j'ai été éloigné de la yourte, j'ai pris une attitude solennelle, le regard dominant la steppe, les bras légèrement tendus, la paume des mains offerte. Puis j'ai raconté le rêve et craché trois fois. Ce devoir accompli, débarrassé de mon fardeau, je me suis senti un peu soulagé.

Les rayons du soleil étaient chauds et piquants comme en été. De légères effluves parfumées venaient me frapper les narines, s'en allaient puis revenaient au bout d'un moment. Elles devaient provenir des jeunes pousses de verdure bien que l'œil ne pût en découvrir encore la moindre trace. Une alouette scintillante comme un petit éclat de glace est arrivée en fendant le ciel bleu et, battant des ailes, elle est restée à une hauteur de perche-lasso ; j'aurais aimé qu'elle chante, mais elle était encore muette.

Les agneaux chahutaient, jouaient à se faire peur, sautaient sur leurs pattes pour se disperser avec un bruit clair comme un roulement de tambour avant de reformer une mêlée et de reprendre de plus belle leur jeu bruyant. Leurs aînés, les *hendshes*, ne semblaient pas s'en soucier, ils cherchaient consciencieusement des brins d'herbe et en trouvaient quelques-uns.

Que disait déjà grand-mère ? Les chants d'oiseaux éloignent le malheur tandis que leurs cris l'attirent. Mon frère Galkaan a dit un jour que c'était vrai, qu'il en avait fait lui-même l'expérience. Mais ma sœur Torlaa lui a ri au nez, d'après elle les cris et les chants se valaient. Je me suis rendu compte enfin à quel point j'avais peu pensé à mes aînés ces derniers temps, et j'ai eu honte. J'ai senti cette honte se transformer en un désir ardent et douloureux de les revoir, de les avoir près de moi en cet instant pour partager avec eux la beauté du printemps.

Je souhaitais que grand-mère aussi fût près de moi. Elle qui se tenait devant la yourte avec le sourire enfantin de son bon visage ridé et son air de tout savoir quand je rentrais à la maison, quand nous rentrions tous les trois à la maison, pareils à trois branches d'*yrgaj** ! Je n'avais encore jamais vu d'*yrgaj*, mais je savais que c'était un arbre et que tous les hommes qui avaient de la chance en voyaient un une fois dans leur vie. C'est grand-mère qui m'avait raconté cela et c'est elle aussi qui nous avait dit à tous trois : « Grandissez, devenez forts et restez toujours ensemble comme trois branches d'*yrgaj* ! » Avant de prononcer ces paroles de bénédiction, elle nous avait fait un cadeau : la brebis Dshojtung avait eu une portée de trois et grand-mère avait donné un agneau à chacun de nous. Aucun d'eux n'était plus là, Üshüsbej, le dernier des trois, qui appartenait à ma sœur Torlaa, était mort pendant le dernier *dshut*. Les trois agneaux ne vivaient plus et nous trois, qui devions rester toujours ensemble, nous avions été séparés aussi. Pourquoi ? Seule grand-mère pouvait le savoir, il fallait qu'elle revienne enfin du sel ou de je ne sais quoi. Il fallait que grand-mère revienne !

Désir et souvenir avaient dû aiguiser mes sens, car c'est alors seulement que j'ai vraiment réalisé qu'Arsylang n'était pas encore rentré et, pour la première fois, j'ai pensé qu'il avait pu lui arriver malheur. Les larmes me sont venues aux yeux et, au lieu de les essuyer ou d'empêcher qu'il n'en coule d'autres, je me suis mis à prier : *« Ej Deedis, ej baj Aldajm ! »* me suis-je écrié en tendant les bras. Mes larmes coulaient déjà à flots, mais j'étais encore capable de parler. « Entends-moi et aide-moi : où est mon Arsylang ? Ej, cher, cher Deedis ! Veille, s'il te plaît, à ce

* yrgaj : genre d'arbuste ressemblant au tamaris

qu'il ne lui arrive pas malheur ! Et si un sort mauvais le guette, détourne-le de lui ! » Je me suis mis à sangloter sans pouvoir continuer, il fallait que cela passe. J'ai pensé que si Arsylang était près de moi, il s'assiérait à mes côtés en hurlant aux quatre coins du ciel. Cette idée m'a bouleversé, et j'ai senti tout à coup en moi une boule qui semblait grossir et s'alourdir d'instant en instant. Elle irradiait une douleur, une douleur telle que j'en ai été tout étourdi. J'ai poussé un cri, puis un autre et un autre encore. Et je n'ai plus senti la douleur. De peur qu'elle ne revienne, j'ai serré les dents et essayé d'étouffer en moi les larmes et les sanglots.

La crise est passée. Mais l'inquiétude est demeurée, s'est amplifiée et fortifiée jusqu'à devenir une certitude : il était arrivé quelque chose à Arsylang !

J'ai envisagé les dangers possibles. Il était exclu que le renard puisse lui faire quoi que ce soit. Arsylang était capable de s'en tirer non seulement face à un renard, mais à un loup. Mais si le renard l'avait entraîné parmi une bande de loups ? Le seul salut qui restait au chien était de faire tout de suite demi-tour pour échapper à la meute. Arsylang le ferait-il ? Sans doute pas. Il se battrait !

Il pouvait aussi être tombé sur un piège. C'est vrai que je n'avais pas entendu dire que papa en eût posés, mais qui pouvait savoir, peut-être en avait-il quand même cachés ? Ce pouvait être aussi un piège oublié : quelqu'un l'aurait posé, il l'aurait recouvert de crottin séché et écrasé, puis d'une fine couche de sable et le tour aurait été joué. Plus tard, le chasseur se serait égaré et n'aurait pas retrouvé le piège, il se serait dit qu'un loup ou un ours l'aurait piétiné et entraîné plus loin ; alors qu'il serait resté là un an, deux ans, cinq ans... jusqu'à ce qu'un animal marche finalement sur la terre masquant le danger – et cet animal était Arsylang !

Ou bien – j'en ai eu le souffle coupé et j'ai été encore une fois sur le point de me trouver mal. J'ai essayé de penser à autre chose, mais c'était impossible, car il n'y avait pas d'autre possibilité. Arsylang n'était pas un cheval qui peut faire une chute du haut d'un rocher ni un mouton qui tombe dans une crevasse et se casse une patte. Même avec une patte cassée, il arriverait à se traîner pour rentrer. Oui, oui, ce ne pouvait être que cela !

J'ai décidé de partir à sa recherche. Auparavant, j'ai poussé le troupeau vers l'enclos, j'ai menacé l'un ou l'autre *hendshe* qui voulait faire demi-tour. Puis je suis parti. J'ai marché ou plutôt couru pour rejoindre le chemin clair qui, loin au-dessus de moi, formait comme une boucle sur le flanc de la montagne. Cela grimpait à pic, mais je courais en dérapant sans arrêt sur les cailloux de schiste glissants. En me relevant pour continuer ma course, je priais silencieusement tout ce qui m'entourait, le ciel au-dessus du chemin et la crête rocheuse qui flottait et brillait devant moi, le versant escarpé et caillouteux sur lequel je me battais pour avancer, la montagne là-haut, l'autre derrière elle, toutes les montagnes, je les priais de garder mon Arsylang sain et sauf.

J'ai enfin atteint le chemin qui ne ressemblait plus à une boucle mais à une blessure cicatrisée, incrustée dans la terre et dans les rochers, dans le corps de la montagne. J'ai atteint le chemin où j'ai trébuché, je suis resté un petit moment sur les genoux, dans les cailloux poussiéreux qui tintaient, les doigts sur la roche luisante qui affleurait et dont l'arête s'était polie au fil des temps sous les pieds, les sabots et les pattes, le vent et l'eau ; je me suis entendu haleter, j'ai senti couler ma sueur et un feu brûler dans ma poitrine. Sans m'en préoccuper, je me suis relevé et j'ai continué à me dépêcher ; c'était plus facile maintenant et je pouvais courir avec plus de force pour prier. Je priais le ciel changeant qui s'était légèrement teinté de rouge et étincelait. Je priais les airs qui emplissaient le ciel, les vents et les nuages qui, bien qu'invisibles, devaient se reposer là-haut après avoir œuvré au-dessus de nous autres êtres vivants. Je priais la croupe d'Ak Gertik qui venait à ma rencontre, et toutes les croupes, les collines et les crêtes, toutes les cuvettes, les vallées et les gorges qui se trouvaient derrière, en les appelant par leur nom chacune à leur tour : Saryg Gertik, Gök Gertik, Hara Gertik, Dsher Haja, Myshyktalyyr, Gongaadaj, Dsher Aksy, Dshukschud... Je priais le chemin sur lequel je marchais, sur lequel mes ancêtres et leurs troupeaux avaient déjà marché, je l'appelais le grand chemin très long, car il était l'un de tous ceux qui mènent aux trois mondes et à leurs trente-trois océans. J'avais écouté en douce mon père en parler. Je priais et priais, et c'était pour Arsylang, mon Arsylang.

Tout en bas de la gorge de Myshyktalyyr, je l'ai trouvé. Aussi grand et sombre qu'un jeune yak atteint de *dshoksaga**, il était tourné vers moi et marchait à reculons en chancelant et titubant. A quelques pas derrière lui, il y avait le bord de la montagne, le versant qui tombait à pic dans le précipice tant redouté dont le fond était à la distance de quelques coups de fusil et qui débouchait sur le grand fleuve où se réunissaient les eaux de tous les fleuves touvas.

J'ai voulu pousser un cri, appeler le chien par son nom, mais impossible, j'étais devenu muet. Alors je me suis dépêché de descendre le versant escarpé, à chaque pas je voltigeais, retombais, rebondissais, on aurait dit une pierre qui dévale à toute allure la pente dont elle s'est détachée. Mais j'ai quand même fini par maîtriser mon élan et je me suis bientôt retrouvé à côté de mon chien, je l'ai vu de tout près et je l'ai touché.

* dshoksaga : affection cérébrale

Arsylang était devenu méconnaissable : ses poils se dressaient sur sa tête, ce qui lui donnait cet air si grand et sombre, ses membres s'écartaient, tout raides, sa tête était rentrée dans ses épaules, il avait le museau écumant et une lueur rougeâtre dans les yeux qui avaient l'air fixes et vides, seules les pupilles dilatées brillaient d'un éclat terriblement vivant, pareilles à deux trous où aurait fait rage un incendie flamboyant. Il tremblait et râlait, il paraissait lutter contre une force qui le tirait en arrière. Mais je voyais qu'il était impuissant et perdait du terrain pouce à pouce. Il devait m'avoir reconnu malgré tout, car il a gémi doucement, on aurait dit qu'il pleurait.

J'étais toujours frappé du mutisme qui m'avait pris là-haut ; j'avais beau avoir des larmes plein les yeux à ne plus rien voir, je ne pleurais pas encore. Je touchais Arsylang tantôt ici, tantôt là, je le serrais contre moi tout en essayant bien sûr de comprendre ce qui s'était passé.

Finalement, la peur a dû se relâcher et j'ai réalisé la situation. J'ai décidé d'avoir recours à l'*ultime* : j'ai voulu m'adresser au Ciel et l'appeler au secours par son nom. J'ai posé pour condition qu'*Il* m'entende et m'accorde immédiatement son aide, sinon je me détacherais de *Lui* pour toujours. Ces idées de salut m'étaient connues par ouï-dire : on en parlait dans certaines histoires. Je n'avais encore jamais vu ni entendu raconter qu'une des personnes dont le nom m'était connu eût tenté l'expérience.

J'ai dénoué ma ceinture pour attacher une lourde pierre à chaque bout, j'ai glissé cette charge autour de mon cou, je me suis agenouillé, le regard tourné vers le Ciel, et j'ai crié : « EH-EH-EEH, GÖK DEERI ! »

J'ai noté avec joie que j'avais recouvré ma voix, elle résonnait maintenant spectrale, puissante et multipliée, comme d'ordinaire dans une gorge : l'écho, répercuté par tous les rochers, s'enchaînait, s'entrecroisait puis se dispersait ; effrayé et bouleversé, j'ai entendu le mot grave qui n'avait encore jamais franchi mes lèvres et que je venais pourtant de lancer si fort que chaque rocher le criait avec ma voix et que l'Altaï me le renvoyait de tous côtés. Cependant, impossible de faire marche arrière, j'avais réveillé le *Très Haut*, il fallait maintenant lui dire pourquoi. J'ai donc poursuivi : « EH, EH, EH, ENTENDS-MOI, GÖK DEERI ! TOI LE PLUS SAINT ENTRE LES SAINTS, LE PLUS GRAND ENTRE LES GRANDS ! VOICI TON FILS DSHURUKUWAA, CELUI QUE TU AS DONNÉ À SCHYNYKBAJ, FILS DE HYLBANG ET D'ORLUMAA, ET À BALSYNG, FILLE DE LOBTSCHAA ET DE NAMSYRAA, L'ANNÉE DU CHEVAL NOIR, POUR QUE SE PERPÉTUE LA RACE DES IRGID QUI TIRE SON ORIGINE DU LAIT BLANC DE LA LOUVE GRISE ET DU SANG ROUGE DU CERF FAUVE ! »

La gorge était pleine de ma voix, je l'entendais retentir de tous côtés et ressentais une satisfaction tranquille de pouvoir appliquer à ma personne les paroles d'un chant chamanique. Mais la suffisance que j'éprouvais s'est évanouie dès que j'ai vu le chien souffrir, pris d'un nouveau spasme plus violent.

« EH-EH-EEH, PÈRE ÉTERNEL DE TOUS LES PÈRES, FILS ET PETITS-FILS, ENTENDS-MOI ET SACHE-LE : J'AI ENCORE MES PETITES DENTS DE LAIT ET DES CHEVEUX PAREILS À DU DUVET, MON ŒIL EST PLEIN D'EAU ET MON CŒUR EST DE CHAIR ! »

En prononçant ces derniers mots, j'ai été pris de pitié pour moi-même, j'ai senti venir les larmes et les pierres peser lourdement tout à coup. J'avais beau me dire que c'était dans l'ordre, elles étaient si lourdes qu'il me fallait me dépêcher d'arriver à l'essentiel :

« EH-EH-EEH, GÖK DEERI, LE PLUS SAGE ENTRE LES SAGES, LE PLUS PUISSANT ENTRE LES PUISSANTS ! AIE PITIÉ DE MOI, PAUVRE ET FAIBLE ENFANT ET LAISSE MON CHIEN EN VIE ! EH-EH-EEH, GÖK DEERI, ENTENDS-MOI ET AIDE-MOI ! LAISSE MON CHIEN EN VIE ! EH-EH-EEH, GÖK DEERI, JE T'AI APPELÉ PAR TON NOM ET J'AI TENTÉ L'EXTRÊME ! MAINTENANT JE N'ATTENDS QU'UNE SEULE CHOSE DE TA MAIN SECOURABLE : SI TU M'ENVOIES TON AIDE, JE SERAI À TOI ENCORE DAVANTAGE ! SINON, JE NE SERAI PLUS TIEN ET TU AURAS PERDU UN FILS ! À JAMAIS ! »

J'aurais pu m'arrêter là, mais il me restait un peu de forces et le besoin de dire encore, pour parer à toute éventualité et être bien clair : « EH, EH, EEH, GÖK DEERI, CHER ET SAINT PÈRE ! LAISSE MON CHIEN EN VIE, MON ARSYLANG QUI ME TIENT LIEU DE FRÈRE ET D'AMI ! PERMETS QUE JE RESTE À L'AVENIR UN FILS POUR TOI, MOI QUI T'AIME ET TE VÉNÈRE ! »

Je me suis arrêté et j'ai attendu. Dans les épopées, l'aide ne tardait pas. Le Ciel envoyait la pluie dont les gouttes frappaient l'ennemi telle la foudre tandis qu'elles lavaient et guérissaient en un clin d'œil les blessures du héros qui demandait secours. Que ce miracle se produise me paraissait inconcevable, mais plus encore qu'il ne se produise pas. Ainsi attendais-je patiemment : à genoux, les bras tendus, le regard levé vers le Ciel et, autour du cou, ma ceinture avec les deux pierres. J'entendais derrière moi Arsylang râler et trébucher, il s'était encore un peu éloigné.

J'aurais tant aimé me retourner vers lui, aller le chercher, le retenir pour qu'il ne s'approche pas plus du bord de la montagne. Mais j'étais dans l'attente du miracle que le Ciel allait forcément m'envoyer. Et le poids du fardeau qui me tirait vers le sol ne faisait qu'augmenter ma morgue. J'étais donc là, à genoux, à attendre, à tenir tête, à espérer.

J'ai fini par m'effondrer. Tout à coup, j'ai piqué du nez dans le gravier ; sous mes bras engourdis, anesthésiés, j'ai senti la terre ferme me soutenir agréablement et, contre mon visage brûlant, la douce fraîcheur de la pierre. Je me suis libéré de mon fardeau et relevé avec peine pour me dépêcher de rejoindre Arsylang qui avait continué à tituber et n'était plus qu'à un pas du bord. En arrivant près de lui, mon regard a rencontré le néant bleu qui semblait vouloir me happer, j'ai nettement senti mes cheveux se hérisser sur ma tête et, à ce moment-là, j'ai cru recevoir une bourrade qui me soulevait de terre : j'ai crié en me rejetant en arrière. Tombé sur les fesses, je ne pouvais me décider à rouvrir les yeux que j'avais fermés sans le savoir ni le vouloir en partant à la renverse. J'ai fini par y arriver et j'ai vu Arsylang devant moi, j'ai tendu en vitesse la main vers lui. Je l'ai attrapé par le cou pour l'attirer à moi. Il était lourd comme un rocher, je n'avais plus aucun espoir de le retenir, encore moins de le tirer vers moi. Je sentais bien que je n'étais pas de force contre ce poids. C'est à cet instant seulement qu'il m'est venu à l'esprit que j'aurais dû le tourner avant dans l'autre sens : puisqu'il allait à reculons, il aurait pu s'écarter lui-même du bord, fût-ce en titubant. Et j'aurais même pu le ramener peut-être à la maison ! Mais maintenant - j'avais peur de me relever, la seule pensée d'avoir à le faire me paralysait et me faisait mal à la racine des cheveux. Je me sentais floué, je regrettais de m'être engagé à la légère avec le Ciel sans avoir su exactement si c'était vrai qu'il était prêt à nous aider. Comme cette pensée m'effrayait, j'ai tenté de l'écarter grâce à une autre qui me prouvait la toute-puissance et la bonté du Ciel : que serait-il advenu sans la pluie qu'*Il* envoyait régulièrement sur la terre, presque toujours aux mêmes époques de l'année ? Et que dire du soleil qu'*Il* nous donnait tous les jours, de la lune et des étoiles toutes les nuits ! Que c'était bon d'avoir du premier coup des preuves sous la main – j'avais refoulé la grave et terrible pensée, mais elle n'était pas pour autant réduite à néant, les pensées ne se laissent pas réduire à néant, je le savais maintenant.

Cependant, j'étais déjà à plat ventre car le chien continuait à glisser inexorablement. Peu à peu, toute sensation et toute force quittaient le bras qui me liait à Arsylang et auquel la vie d'Arsylang était suspendue. Je voyais que la terre qui restait n'était plus que de la largeur d'une main. Bientôt, elle nous échapperait aussi, pensais-je avec effroi, et Arsylang me glisserait des doigts malgré l'énergie avec laquelle ils s'agrippaient à ses poils. Et je ne le reverrais jamais, comme je ne reverrais sans doute jamais grand-mère. Je resterais tout seul avec le troupeau que tant de pertes avaient déjà frappé et amoindri. Et je devrais guetter seul mes aînés, aller seul à leur rencontre quand ils arriveraient. Tel était mon avenir et il était déjà en marche.

Voilà ce que me disait la raison. Mais, au fond de mon cœur, je ne pouvais ni ne voulais m'y résigner. Je résistais par tous les moyens, je niais cette possibilité.

Une folle pensée m'est venue de nouveau à l'esprit : que se passerait-il si dans son effroi, au moment où ses pattes de derrière dépasseraient du bord, le chien mordait ma manche pour se raccrocher à moi ? La peur m'a envahi avec une telle violence que je me suis senti mal. Pourtant je n'avais pas l'intention de lâcher le chien pour sauver ne serait-ce que ma propre vie avant qu'il ne soit trop tard.

Pris de panique, j'ai commencé à prier doucement : « Père Ciel et Mère Terre ! Entendez-moi et aidez-moi : donnez à mon bras assez de force pour retenir le chien là où il est et ne pas céder d'un pouce ! » A cet instant, j'ai entendu appeler. C'était la voix de mon père : « Tiens bon – j'arrive ! Tiens bon – j'arrive ! »

Voilà le miracle ! me suis-je dit en un éclair. Et l'émotion devant la bonté du Ciel m'a rempli de nouveau les yeux de larmes. Cependant, je n'oubliais pas qu'il fallait tenir plus que jamais. Et c'est ce que j'ai fait. Il m'a semblé que mon père avançait à pas de loup. Je ne l'ai pas entendu arriver et j'ai sursauté quand il m'a attrapé par les genoux. (Plus tard j'ai appris qu'il voulait s'approcher en catimini parce qu'il pensait que le chien me tenait par les crocs.)

Il m'a pris et traîné vers lui, j'ai crié : « Pas moi, le chien ! » Et il a saisi Arsylang par l'une de ses pattes de devant. Nous étions maintenant deux à tirer. Arsylang semblait déjà à moitié mort. Ses pupilles étaient encore plus dilatées mais vides à présent, comme si l'incendie s'était éteint. Sous les doigts, son corps était sans vie, raidi. « Ej, Ciel ! a dit papa en claquant la langue. Il a mangé du poison ! Il n'y a plus rien à faire ! Une chance au moins qu'il ne te soit pas arrivé le pire, mon petit ! »

Ces paroles m'ont anéanti : plus de salut possible alors qu'il était enfin sauvé du précipice ! Donc pas de miracle ? Et quelle sottise d'appeler cela une chance ! Sottise et cruauté ! J'ai tressailli sous la douleur. Puis je me suis redressé brusquement et j'ai crié à mon père : « Tu as causé la perte de mon Arsylang avec ton poison stupide ! Et maintenant tu dis qu'il n'y aurait plus rien à faire ! Et tu rajoutes : une chance ! »

En prononçant ce dernier mot, je l'ai singé.

J'attendais une gifle. Mais mon père n'a pas bougé. Je l'ai vu blêmir, ses lèvres tremblaient. Oh, pourquoi ne me giflait-il pas ? Pourquoi ne me jetait-il pas par terre à coups de poing ou de pied ? Mais pourquoi ? J'aurais eu au moins un prétexte pour pleurer et crier, pour me défouler et secouer la douleur ! Tandis que je me retrouvais livré à elle sans merci. Nous étions là tous les deux, impuissants, à attendre sans doute la fin : qu'Arsylang tombe et crève ! Pour pouvoir dire qu'il était mort ! Pour pouvoir rentrer à la maison ! Pour nous laver les mains avec une décoction de genièvre une fois arrivés, pour manger et boire, dormir, pour nous éreinter avant et après avec les moutons et les agneaux, bref pour nous en sortir même sans le chien Arsylang ! Quelle horreur, quelle honte ! Mon père s'est inquiété de ma ceinture, il m'a demandé pourquoi elle traînait par terre et pourquoi des pierres y étaient attachées. J'ai raconté ce qui s'était passé.

« Ah, mon enfant, a dit mon père avec tristesse, une fois que ce terrible poison est dans l'estomac, c'est trop tard. Même le Ciel ne peut rien faire ! »

Je n'ai rien répondu, je n'avais plus rien à dire. Mais je n'arrivais pourtant pas à comprendre.

Mon père a lâché le chien pris de râles et de tremblements qu'il avait tenu et soutenu jusque-là, il est allé chercher ma ceinture, a ôté les pierres, puis il est revenu vers moi et me l'a mise. Je ne bougeais pas ; la main posée sur le flanc d'Arsylang, je sentais la mort se répandre en lui. Pourtant j'ai éprouvé un léger soulagement, un petit réconfort d'avoir ma ceinture. Et l'histoire du vieux Schirning m'est revenue. Je me suis écrié aussitôt : « Du lait ! Peut-être du lait fera-t-il de l'effet ? »

Mon père s'est arrêté, m'a regardé. Une lueur est apparue dans son regard. L'espoir s'est réveillé en moi. « Allons-y ! a dit mon père. Emportons-le jusqu'au troupeau ! » Il a soulevé Arsylang d'un coup et l'a jeté sur son dos. Nous avons remonté la gorge, escaladé la pente raide. Je courais ou m'efforçais de le faire. Mon père ne courait pas, il ne le pouvait pas. Mais il marchait quelques pas derrière moi.

A notre grand dam, le troupeau n'était pas là où papa l'avait laissé. Il avait pris la direction de l'*aïl* et de l'enclos. Je courais maintenant plus vite et mon père, qui ne pouvait le faire, m'a crié : « Ne m'attends pas, cours dire à maman d'apporter du lait ! » J'ai couru à toute allure, c'était facile en descendant.

Je n'ai rattrapé le troupeau qu'à la limite de l'*aïl*. Je me suis mis à hurler en voyant l'enclos, puis la yourte : « Ihi-iiij ! Ihi-iiij ! » Ma mère n'était nulle part, j'étais sur le point d'exploser de colère qu'elle ne sorte pas de la yourte et ne coure pas à ma rencontre avec le seau de lait. C'est alors que j'ai entendu sa voix venant de l'autre côté, là où se trouvait le petit troupeau. Et je l'ai vue venir en boitillant. A l'époque déjà, elle avait dans une jambe des douleurs qui l'ont obligée plus tard à marcher avec une canne. Elle a crié : « Qu'est-ce qu'il y a ? » « Il est arrivé un malheur! Un malheur!» ai-je répondu en continuant à galoper vers la yourte. Par chance, j'y ai trouvé un seau en bois avec du lait. Je l'ai pris et suis reparti en courant. Pendant ce temps, maman avait fait un bon bout de chemin, mais je ne voulais pas patienter, je voulais courir à la rencontre de papa. Seulement, elle a crié : « Mais attends, attends donc ! » J'ai dû m'arrêter pour attendre qu'elle arrive près de moi. Cela m'a paru durer une éternité. Je bouillais de rage et criais sans arrêt : « Plus vite, mais plus vite, hara mola ! » C'était un juron assez inoffensif que beaucoup de gens employaient même souvent d'un ton affectueux, mais dont on n'usait chez nous que dans des cas extrêmes. Et voilà que je le disais à ma mère.

Elle est enfin arrivée. « Deedis, que s'est-il donc passé ? » a-t-elle demandé tout haletante et la voix tremblante. « Arsylang a avalé du poison ! » me suis-je écrié, et il y avait dans la mienne comme des larmes dont la cause était surtout tout le temps perdu à attendre maman. J'ai repris le seau.

« Et où est papa ? »

« En route avec Arsylang ! »

Tandis que je m'éloignais en courant, j'ai entendu ma mère s'écrier joyeusement : *« Ej baj Aldajm ! »*

Sa joie m'a offensé. Offensé à cause d'Arsylang qui était peut-être déjà mort. J'ai continué à courir sans répondre à ce qu'elle disait encore.

Nous nous sommes rencontrés juste après le premier défilé. Mon père a voulu déposer doucement Arsylang, mais il ne pouvait déjà plus se tenir debout. Nous l'avons couché sur le flanc. Ses pattes s'écartaient comme si elles voulaient fuir le poison et la mort qui se nichaient déjà dans son ventre. Même sa queue se dressait toute droite. Arsylang ne râlait plus que doucement, et c'était le seul signe de vie qu'il donnait. Nous avons pourtant essayé de lui faire avaler du lait. Il avait les crocs serrés. Papa a glissé la pointe de son couteau dans un interstice derrière les canines pour essayer de les écarter. Mais ses dents soudées ne voulaient pas céder. De la bave écumante sortait de chaque brèche et, après l'avoir essuyée, on a vu quelque chose d'un rouge très sombre, presque noir, qui devait être la langue.

Finalement, nous avons glissé une tige d'oignon dans une de ses narines et nous y avons fait couler du lait goutte à goutte. Le lait passait du seau dans ma bouche et de là dans la tige. Mon père m'a appris qu'il valait mieux ne pas trop approcher ma bouche du chien, il avait entendu dire que le poison pouvait parfois donner la rage.

Le lait que nous lui mettions dans la narine en usant de cet artifice ne tardait pas à ressortir par l'autre sous forme d'écume : ce n'était plus du lait, on aurait dit de l'eau et du fromage blanc.

Un spasme douloureux a parcouru le corps d'Arsylang, suivi de pleurs encore plus faibles qu'avant. C'est à ce moment-là que j'ai remarqué maman. Elle était près de moi tout à coup. La rancœur que j'avais éprouvée envers elle n'était pas encore dissipée, mais un sentiment de reconnaissance m'a envahi. C'était cette reconnaissance qu'on éprouve pour les gens qui, par leur seule présence, vous aident dans un grand malheur. Car je venais de sentir qu'Arsylang était en train de mourir. Malgré tout, j'ai été surpris quand papa a dit que c'était fini. Pas tant que la mort qui habitait Arsylang depuis un moment ait accompli son œuvre, mais qu'on puisse dire si simplement : « C'est fini ! » Comme on aurait dit : « Le lait a tourné » ou « Le seau en bois fuit » ou « Le sabot est usé ».

La gratitude que j'avais éprouvée envers mon père pour avoir été lui aussi à mes côtés auprès du chien mort, au lieu de vaquer à l'une de ses multiples occupations, s'est ternie et dissipée pour faire place à la rancune. J'ai réfléchi et cherché d'autres raisons de m'en prendre à lui. Et je les ai trouvées aussitôt : Arsylang n'était pas un simple chien ! Des chiens, il y en avait beaucoup, or Arsylang n'était pas seulement le meilleur d'entre eux, il était unique, exceptionnel. Et voilà que mon père avait empoisonné ce chien ! Une autre pensée m'a traversé l'esprit, un vague pressentiment : un chiot allait arriver dans les meilleurs délais, on le chouchouterait et il prendrait la place d'Arsylang. Cette pensée importune qui m'était venue *à moi*, j'en ai rendu mon père responsable aussi. Car j'ai supposé sans hésiter que lui-même l'avait eue.

J'ai entendu maman dire : « Je me suis fait tant de souci pour vous ! » Et à mon oreille, cela signifiait : une chance que ce n'ait été que le chien ! La reconnaissance que j'avais eue pour elle s'est évanouie instantanément. Quelque chose de sombre et d'amer a semblé la recouvrir puis grandir et durcir, tel un roc.

Le monde était incompréhensible. Je me sentais mal à en mourir. Il fallait que je fasse quelque chose, que je me révolte et brise ce roc que je sentais en moi, que je le rejette avant qu'il ne me tue en plus comme le poison venait de tuer Arsylang. Et je me suis redressé, je me suis approché tout près du chien mort, j'ai levé les poings vers le Ciel en criant : « I-ih-iiij, Gök Deeri ! »

Mes parents ont dû en être tout saisis car le silence s'est fait autour de moi.

« I-ih-iiij, qui es-tu donc pour rester impuissant devant une petite pincée de poudre ? »

Mon père a bondi vers moi, je me suis enfui, les poings toujours levés, en continuant à crier : « Es-tu devenu vieux, sourd et aveugle ? Es-tu si méchant que tu ne veuilles ni m'entendre ni me secourir dans le besoin ? »

Il m'a attrapé, mais j'ai continué à crier : « Bien sûr : tu as toléré qu'on m'enlève mon frère et ma sœur, que grand-mère meure, que le troupeau périsse et que mon chien aussi trépasse ! »

Mon père me serrait contre lui, essayait de me faire taire : « Arrête, cher, cher enfant ! Arrête, je t'en prie, je t'en supplie ! »

Mais je ne voulais rien savoir. « I-ih-iiij, Gök Deeri, quel est mon crime ?! En quoi ai-je mérité cela ?! Tu n'as pas honte de t'en prendre ainsi à moi, pauvre et faible enfant ? I-ih-iiij, Gök Deeri menteur, i-ih-iiij ! »

J'ai vu maman juste devant moi, elle m'a baissé les bras, m'a regardé avec des yeux écarquillés d'effroi et a dit quelque chose que je n'ai pas écouté. « Eh-eh-eej, Gök Deeri ! Toi, sourd, qui ne m'as pas exaucé, entends maintenant la punition que j'ai décidé de t'infliger... » Ma mère m'a fermé la bouche. Mais un instant seulement, car la violence qu'on me faisait m'a vraiment poussé à bout et je me suis transformé en bête sauvage : j'ai donné des coups de pieds, de poings, j'ai griffé et mordu et fini par échapper à l'étreinte de mon père. Tout en levant et agitant mes poings, j'ai pu annoncer sa punition à Gök Deeri, notre Ciel : « Désormais, je ne suis plus ton fils et je ne ferai plus que te mépriser, i-ih-iiij, toi le menteur Gök... »

La voix m'a manqué. J'ai reçu un coup sur la tête. Pour un peu, j'aurais pu croire qu'il venait du Ciel, de mon Gök Deeri si puissant récemment encore, si minable à présent, mais j'ai eu le temps de voir que c'était mon père qui me frappait. Tout étourdi, je me suis senti tomber par terre et dégringoler la pente caillouteuse. Puis j'ai senti des mains sur ma nuque et ma figure. Et j'ai distingué un visage au-dessus de moi avant qu'il ne s'estompe ; aux mains rêches et chaudes qui me touchaient, j'ai reconnu ma mère. Je lui ai été reconnaissant de me soutenir la nuque et de me caresser les joues. Puis j'ai deviné un peu plus loin une silhouette longue et large qui se détachait sur le ciel du soir, mais les deux se sont estompés eux aussi. J'ai aussitôt repris cette lutte qui m'apparaissait dans l'instant impossible à refuser ni à remettre à plus tard. J'ai écarté brutalement les mains étrangères, je me suis relevé, j'ai marché d'un pas chancelant vers la longue silhouette en hurlant de toutes mes forces : « I-ih-iiij, assomme-moi donc après avoir empoisonné mon chien ! Vas-y, je suis prêt ! A quoi bon continuer à peiner loin de mon frère et de ma sœur, sans ma grand-mère, sans mon troupeau et sans mon Arsylang, sur cette terre et sous ce ciel aveugle et sourd ! »

Brusquement, j'ai pris conscience de tous les efforts, de toutes les privations que j'avais dû m'imposer et endurer au long de ce printemps interminable, et un flot de paroles a jailli de mes lèvres comme l'eau d'un récipient renversé : « Assommez-moi ou achevez-moi comme il vous plaira ! Vous pensez peut-être que j'ai peur, eh bien non ! Si vous ne le faites pas, je le ferai moi-même, je me jetterai d'un rocher ou me tuerai d'une façon ou d'une autre ! Oui, je veux mourir et que les vers noirs me dévorent ! Car je ne suis pas votre enfant, mais votre esclave ! M'avez-vous jamais laissé dormir mon content ? Savez-vous comme j'ai froid et faim, comme je me sens fatigué ? Vous ne pensez qu'au bétail, à cette pâture pour les loups, mais pas à vos enfants ! Vous en avez envoyé deux au loin, et vous me faites trimer comme un kazakh ! » Je lançais ces paroles comme on jette des pierres, je voulais atteindre avec elles mes parents, les blesser, les tuer même.

« Je voudrais mourir et que les vers noirs me dévorent, i-ih-iiij ! Mourir et en finir comme tant d'autres ! Je voudrais partir là où ma grand-mère s'en est allée elle aussi : dans la mort, i-ih-iiij ! Ou croyez-vous peut-être encore que je ne le sais pas ? Oui, ma grand-mère est morte et vous l'avez emmenée comme un mouton ou un chat crevé ! Vous l'avez sans doute cachée dans un éboulis ou dans un trou ou même jetée en pâture aux renards et aux loups ! Je le sais, mais vous parlez de voyage et de sel, vous débitez les boniments qui vous passent par la tête parce que vous me croyez bête, mais je ne le suis pas ! »

Entre-temps, je pouvais de nouveau voir et entendre distinctement. Mes parents se tenaient à l'écart l'un de l'autre, comme effarouchés, ils étaient muets et leurs regards m'évitaient. C'est sans doute cette image pitoyable qui m'a fait revenir à la raison : tout à coup, j'ai su qu'ils ne voulaient pas me tuer, mais seulement me faire taire. J'ai commencé à comprendre que sans grand-mère, sans Arsylang, sans le troupeau que j'avais possédé autrefois, séparé de mes aînés, brouillé avec le Ciel et sur le point de me brouiller aussi avec mon père et ma mère, j'allais perdre le dernier bien qui m'avait été donné. Au moins, je ne devais pas perdre tout ce qui me restait ! Il fallait me résigner à ce qui était arrivé !

C'est ainsi, m'a-t-il semblé, que parlait quelqu'un qui était en moi mais ne pouvait être moi. Non, ce devait être un étranger, et je n'étais pas prêt à l'écouter. Je ne le connaissais pas, il débarquait, c'était quelqu'un de nouveau, d'inconnu, il me répugnait. Il m'offensait. Il m'offensait au nom de tout ce qui avait été, qui avait fait partie de mon existence et dont personne n'avait le droit de me priver.

Me ressaisissant, j'ai repris la lutte. J'ai crié de toutes mes forces, j'ai lancé des coups à droite et à gauche, je suis tombé, me suis jeté sur le sol, j'ai fait des bonds furieux, je suis retombé, me suis jeté de nouveau sur le sol, me suis relevé encore. Ma naissance et ma vie étaient absurdes ! Absurdes mes rêves, mes prières ! Absurdes les bénédictions des autres, les éloges, les promesses et les efforts accomplis ! On m'avait frustré de ce qu'on nomme la vie ! Je n'étais pas à ma place entre ciel et terre !

J'avais encore de la voix. Je sentais encore des forces dans mes membres. Mais je savais déjà que ma gorge allait me lâcher, que mon corps faiblirait, et c'est ce qui m'irritait le plus.

Pourtant, le fait de le savoir me poussait justement à lutter. Qui étais-je donc, moi qui n'avais pas été capable de me défendre contre l'injustice dont on avait usé envers moi avec tant de cynisme ?

Pourquoi étais-je ainsi ?

Pourquoi les choses étaient-elles ainsi ?

Pourquoi, i-ih-iiij, pourquoi ?

L'esprit de révolte qui s'était éveillé en moi jetait des flammes.

Je ne voulais pour rien au monde abandonner la lutte. Je devais à tout prix la poursuivre jusqu'au bout. Quoi qu'il arrive ! Ma gorge dût-elle se briser et le fil de ma vie se rompre ! Dussé-je trépasser, moi l'infortuné, et être dévoré par les vers noirs ! Ce jeu déloyal dût-il enfin s'achever, je vous en prie ! Et j'ai continué à hurler et à me rebeller...

GLOSSAIRE

aarschy (touva) : petits morceaux de fromage blanc séché

aga (touva) : frère, oncle, mot employé pour s'adresser à une personne d'âge mûr et de sexe masculin

aïl (mongol) : campement de yourtes

aïmak (mongol) : unité administrative, province

Altaï/Homdu-Altaï : partie touva du mont Altaï, connue pour sa richesse en minerais, en particulier or, argent, cuivre et fer

aragy (touva) : eau-de-vie fabriquée à partir de lait fermenté

arat (mongol) · éleveur pauvre, pilier de la société socialiste

awaj (touva). sœur, tante ; mot employé pour s'adresser aux parentes du côté paternel

baj (turc) : homme riche

beg (turc) : prince ; membre vénérable de la famille du mari

boorsak (touva) : galette de froment dure cuite dans la graisse

daaj (touva) : membre de la famille du côté maternel

darga (mongol) : chef, supérieur

Deedis (touva) : mot employé à la place de l'imprononçable « Deeri », le Ciel

dekpirek : empoisonnement des moutons probablement dû à une nourriture indigeste

desgen (touva) : plante aux racines solides

doj : fête nationale mongole les 11 et 12 juillet

dokpak (touva) : massue en bois ou en corne de cerf, instrument de combat

dör (touva) : côté de la yourte situé face à la porte et considéré comme la place d'honneur

dshargak (touva) · vêtement des pauvres en peau de mouton ou de chèvre

dshelbege (touva) : personnage de légende qui dévore tout sans être jamais rassasié
dshele (touva) : corde qui sert à attacher les petits yaks et les poulains
dshoksaga (touva) : affection cérébrale
dshula (touva) : lampe destinée au culte, où l'on fait brûler du beurre fondu
dshut (touva) : grande tempête qui prive la plupart du temps les bêtes de nourriture
düüleesch (touva) : plante de haute montagne aux racines denses et au feuillage souple et touffu
Ej baj Aldajm (touva) : Oh, mon riche Altaï !
enej (touva) : grand-mère
eshej (touva) : grand-père
gashyks (touva) : osselets de mouton ou de chèvre pour le jeu ou le culte
Gök Deeri (touva) : Ciel bleu
göldshün (touva) : esprits avec lesquels communiquent les chamans
gükpek (touva) : petite hutte en bois pour les jeunes animaux
güüj (touva) : femme d'un daaj
hadak (touva) : tissu bleu clair, parfois blanc, destiné aux occasions solennelles. Pour les nomades, il joue le rôle du bouquet de fleurs des cultures européennes
Halcha (mongol) : la tribu la plus grande et la plus prestigieuse de Mongolie ; sa langue est aujourd'hui la langue littéraire et administrative
hara gishen (touva) : injure adressée aux chiens
hara mola : injure qui fait référence aux tombes (mola) des Kazakhs
Hara-Sojan (touva) : l'un des trois principaux groupes ethniques des Touvas – avec Ak-Sojan et Gök-Mondshak
hendshe (touva) : derniers nés des moutons, dont le troupeau est gardé par les enfants ; le plus jeune enfant
höne : corde en poils de yak pour attacher les agneaux et les chevreaux
höötheng (touva) : boulette de farine cuite dans du lait bouillant
indshejek (touva) : sac en feutre dans lequel on porte les agneaux

koulak (russe) : poing ; c'est ainsi qu'on appelait les gros fermiers en Union Soviétique et, en Mongolie, les éleveurs aisés
lawschak (touva) : sorte de manteau d'été
örtöö (mongol) : relais de poste instaurés par les grands seigneurs mongols au XIIIe siècle, supprimés en 1949 seulement. La distance entre deux örtöös couvrait environ 30 km. Ce service fonctionnait grâce à la fourniture gratuite de chevaux de course et au travail non rémunéré des plus pauvres.
oshuk (touva) : foyer constitué de cercles métalliques et de quatre pieds
Sardakpan : héros des légendes touvas, créateur de l'Altaï
sawyl (touva) : bol fabriqué dans une racine d'arbre
schagaa (touva) : poteau de sacrifices en pierres ; nouvel an suivant le calendrier lunaire
scharbing (touva) : genre de crêpe
schietscheeng (chinois) : voiture
ser (touva) : haute étagère en plein air pour les réserves d'hiver
sogum (touva) : abattage d'hiver
somon (mongol) : unité administrative, département
süngük (touva) : cartable, sacoche
tamyr (kazakh) : veine, racine ; par extension : ami, compagnon
ton (touva) : vêtement pour les saisons froides
ütschuü (touva) : long vêtement d'hiver garni de tissu à l'extérieur
üüsche (touva) : viande congelée de petits animaux
yrgaj : genre d'arbustes ressemblant au tamaris ; leur bois fauve et dense est utilisé comme manche de fouet

Suites

1. *Histoires étranges et fantastiques d'Amérique latine*

2. José Luis SAMPEDRO
Le Sourire étrusque

3. Antonio LOBO ANTUNES
Le Cul de Judas

4. J. M. MACHADO DE ASSIS
Le Philosophe ou le chien

5. Horacio QUIROGA
Les Exilés

6. Paco Ignacio TAIBO II
De passage

7. Euclides DA CUNHA
Hautes Terres

8. Luis SEPÚLVEDA
Journal d'un tueur sentimental

9. Fernando GABEIRA
Les Guérilleros sont fatigués

10. J. M. MACHADO DE ASSIS
La Montre en or

11. Dalton TREVISAN
Le Vampire de Curitiba

12. *Des nouvelles du Brésil*

13. Marcio SOUZA
L'Empereur d'Amazonie

14. Alejandro JODOROWSKY
L'Arbre du dieu pendu

15. Manuel SCORZA
Roulements de tambours pour Rancas

16. José Ángel MAÑAS
Je suis un écrivain frustré

17. Antonio LOBO ANTUNES
Fado Alexandrino

18. Christoph HEIN
La Fin de Horn

19. Luis SEPÚLVEDA
Yacaré, Hot Line

20. Lídia JORGE
Le Rivage des murmures

21. Galsan TSCHINAG
Ciel bleu

22. José Luis SAMPEDRO
Le Fleuve qui nous emporte

23. Mempo GIARDINELLI
Le Dixième cercle

BIBLIOTHÈQUE ALLEMANDE
dirigée par Nicole Bary

Fritz Rudolph FRIES
Les Nouveaux Mondes d'Alexandre

Gerhard KÖPF
La Chouette, le Facteur et le Perroquet
Le Fou de Hemingway

Elisabeth REICHART
Viens, traverse le lac

Stephan HEYM
Chronique du Roi David

Christoph HEIN
La Mise à mort
Le Jeu de Napoléon

Galsan TSCHINAG
Ciel bleu
Vingt jours et un